人生夢想清單

一生至少要去一次的

歐洲最美城市

暢銷最新版

$\mathcal{C}ontents$

Chapter3 行程規劃範例&住宿資訊

本書所列旅遊相關資訊，以2024年3月為基準，資訊因時因地會調動，出發前請利用書中的網址再次確認。

作者序

發掘歐洲的魅力

　　記得二十幾年前第一次來歐洲旅行的時候，對於這裡的印象大概只能用「夢幻」來形容，不管是徜徉在古色古香的石板巷弄間，還是坐在街頭的露天咖啡座，無論走到哪裡，每一幅景色總是讓我如癡如醉。

　　不過來到歐洲定居之後，我並沒有因為看多了如此的景觀而感到麻木，反而更能體會到他們的生活文化，不單只是喝喝咖啡、欣賞美景這樣度過悠閒的日子而已，其實歐洲人很懂得如何享受人生、去發掘出每個地方的獨特魅力。

　　旅居歐洲二十多年的日子裡，我經常是一有假期就往不同的國家跑，尤其近年來申根地區開放旅遊免辦簽證的措施（針對台灣護照持有者），暢遊歐洲各地比早些年更為便利，再加上搭完善的火車網絡及廉價航空公司的興起，前來歐洲自助旅行已經是蔚為風氣，拉近了國人和歐洲國家的距離。

　　也許有人覺得，雖然歐洲那麼多國家，可是看來看去不外乎是教堂、古蹟這些建築，來過幾趟應該就膩了吧？我個人認為，每個城市都有它迷人之處，並不是你來過一、兩次就能斷定它值不值得造訪，尤其歐洲的熱門景點何其多，要挑選最精華的城市並濃縮在一本書裡，的確是很難取捨。我以自己多年來累積的旅遊經驗，介紹這幾個城市推薦給各位，希望你會喜歡本書的資訊及照片。最後，感謝編輯及美編大家的辛苦合作 & special thanks for Jonny！

蘇瑞銘 Ricky Su

行前準備

古意盎然的歐洲各國，向來是許多人心中夢想的旅遊地區，卻礙於語言能力不佳、不會講英語或歐洲任何一國的語言，所以遲遲不敢踏出行動。如果你自認外語程度差，又不想參加旅行團，這樣有辦法來歐洲自助旅遊嗎？絕對是可以的，只要功課做足夠，自己完成歐洲旅行不再是遙遙無期的幻想。

初步旅遊規劃&基本概念

對於沒什麼經驗，第一次要來歐洲自助旅行的朋友，我會建議從簡單安全的國家，或是選擇重點城市開始，這樣安排起來比較容易，至於那些治安環境比較複雜的地方，等到累積了一些經驗之後再前往，才能隨機應變面對各種突發的狀況。以下便是規劃一趟歐洲旅行的步驟，提供給大家參考。

Step 1：蒐集旅遊資料

計畫要出國自助旅行，千萬不要什麼都沒準備就要搭飛機出門了，除非你已經是去過很多次的識途老馬，否則一定要先找好基本的旅遊資料。坊間的各種旅遊書籍，絕對是你自助旅行的好幫手，除了書裡的實用訊息外，透過詳細的文字說明和照片的呈現，你才能知道自己喜歡哪些景點，開始規劃旅遊的目的地。

每個人欣賞事物的角度不一樣，別人認為值得去的地方，不見得大家都感同身受，因此透過旅遊書籍專業的介紹，你會對該景點有初步的了解。不過旅遊書並非萬能，像書中寫的價位、資料或許會和實際的情況有些出入，畢竟資訊隨時都在變動，只能當作參考用。除了書籍之外，網路上諸多旅遊論壇、旅遊部落格，這些私人的經驗分享，也是可以當作規劃旅程的參考。

衷心地建議一點，千萬不要什麼功課都沒做，然後就上網留言給他人幫忙安排行程，因為沒有人是你的旅遊顧問。自己嘗試規劃一趟行程，是自助旅行中很有趣的經驗，在這過程中也能學習到許多知識。如果不想花時間安排行程的話，那麼我會請你直接跟旅行團吧，這樣的人並不適合自助旅行。

參考旅遊書，蒐集相關的旅遊資訊

Step 2：決定旅行的地點

　　看過各方面的旅遊資訊後，大家心中應該會浮現想去的目的地。不要認為歐洲各國看起來大同小異，其實每個國家、地區都有自己的特色，義大利以古蹟聞名、瑞士及挪威的自然風光、充滿時尚的倫敦和巴黎、悠閒奔放的地中海小島等等，每處景點皆營造出不一樣的氛圍。因此出國旅行前，要先問問自己喜歡什麼樣的風格，否則飛了這麼遠來到歐洲，才發現怎麼跟想像中的完全不同。

　　舉例來說，倘若你是怕熱又怕曬太陽，那麼就不要選擇在夏天到炎熱的南歐國家旅行，如義大利、西班牙、希臘等國，暑假經常是飆到三十幾度以上的天氣，悶熱的氣候會讓人熱到受不了。若是你喜歡熱鬧的城市觀光，像巴黎、倫敦、阿姆斯特丹這些繁華的都會區就很適合；相反地，偏好自然風景的人，就要選擇阿爾卑斯山區的國家，如湖光山色的瑞士、奧地利等國。

瑞士的自然風光（策馬特Zermatt）

自助旅行最重要的點就是安全問題。歐洲的國家眾多，在這些美麗古典的城市背後，其實也是隱藏著許多治安的問題，一些觀光客看不見的潛在危機。其中，大家最容易遇到的就是小偷及搶劫，如果你自認是少根筋或很脫線的個性，那麼最好找朋友結伴同行，彼此有個照應，否則旅遊途中應該會狀況百出。

喜歡熱鬧都會景點的人，都會愛上阿姆斯特丹

洋溢度假氛圍的地中海島嶼

Step 3：開始旅程的安排

在確定旅行的地點後，就要趕緊著手行程的安排，包括訂機票、住宿及路線規劃。雖然歐洲多數國家已經成為申根會員國，持有台灣護照可以前往旅遊三個月（六個月內停留90天、英國可停留180天），不過機票通常是越早訂越能搶到便宜的價位，旅館的情況也是差不多。以我個人的經驗，千萬不要抱著要邊玩邊找住宿的心態，尤其許多城市在旺季的時候更是一房難求，所以旅行的路線確定後，盡早訂房才能玩得安心。

旅程安排

　　安排一趟完美的旅程，當然要視個人的旅遊天數和假期長短而定。假期短的話，就不要跑太多地方，挑最想去的重點去參觀就好，否則蜻蜓點水的玩法只是走馬看花；若是假期夠長，那就能玩得悠閒一點，放慢腳步來體驗歐洲的生活，畢竟深度旅遊才是自助的真諦。

Step 1：訂機票

　　安排一趟旅行，若是還沒訂機票之前，一切都還處於紙上談兵的階段。因為訂了機票後，才能確定旅行的總天數，這樣才方便接下來的行程規劃。如果玩單一國家的話，通常由同一個城市進出比較方便；若是計畫多國的旅行，那就考慮從不同點進出，這樣能節省拉車的時間。除了自己上各航空公司的官網訂票之外，也可以透過旅行社代購機票，不過旅行社通常會多收一筆手續費。

Step 2：規劃行程

　　規劃行程的時候，首先的目標就是路線的安排，當然盡量不要走到重覆的路線。定點放射性的玩法，是Ricky比較推薦的旅遊方式，這樣不需要經常換住宿地點，玩起來會比較輕鬆自在。所以在規劃行程的時候，先看地圖、決定住在哪幾個城市，然後估算在每個城市停留幾天，距離太近的城市之間，就挑一個地方來住就好，再當天往返參觀附近的景點。

歐洲的星級旅館價錢都不便宜

Step 3：預訂住宿

　　有經驗的旅遊老手都知道，每天更換住宿地點是很累又麻煩的事，因此在同一地方至少待2～3晚是比較理想的方案。歐洲住宿的等級，從星級旅館、平價的民宿、到便宜的青年旅館都有，大家可以視自己的預算及需求來決定，不管是選擇哪種住所，都要以外出交通方便為優先考量。

星級旅館的早餐，通常比青年旅館豐盛

網路上某些訂房網站一旦刷卡付款,就不接受更改日期或取消,要在訂房前得稍微留意一下這些相關規定。

Step 4:安排點對點的交通

以上幾項都安排妥當之後,就要決定點對點之間的交通銜接。歐洲地區的鐵路網非常密集,搭火車是往來城市間最普遍、也是最愜意的方式,尤其各國有針對觀光客推出的火車通行證(Pass),車票甚至可以出發前在台灣就買好了,例如飛達旅行社是販售歐洲火車票最知名的公司,不定期推出優惠的票券促銷活動,還會有機票+火車票的折扣產品。

飛達旅行社
地址:台北市中山區南京東路三段168號10樓之6
(需事先預約)
電話:(02) 8161-3456
網址:http://www.gobytrain.com.tw/

如果兩地之間的車程超過5～6小時以上,那麼不妨考慮以搭飛機的方式來銜接。歐洲各國都有廉價航空公司,搭飛機有時候甚至比搭火車還便宜(通常要半年前就購買,比較有機會搶到便宜機票),不過廉價航空的規定比較多,如行李要另外加買、飛機上不提供餐點等等,所以在搭乘廉價航空前要先了解它們的規定,才能保障自身的權益。其中,easyJet是歐洲地區規模最大的廉價航空,飛行的航點最多、整體的服務品質也算不錯,大家可以參考看看。

歐洲廉價航空easyJet
網址:http://www.easyjet.com/
附註:主要的航點以倫敦、巴黎、日內瓦、及米蘭這幾個城市為中心

往來巴黎和阿姆斯特丹之間的高速火車Thalys

火車頭等艙提供的精緻餐點

easyJet是歐洲知名的廉價航空公司

在搭乘廉價航空前要先了解相關的規定

飛往歐洲的航班

　　目前飛往歐洲的航班，經濟艙的來回票價大約落在3～4萬之間，旺季往往會超過4萬台幣，若是你的預算有限，不妨考慮以多轉機一次的方式，這類航班會比直飛的便宜。以下是幾家飛往歐洲的主要航空公司：

航空公司	網址	航點	附註
中華航空	http://www.china-airlines.com/	阿姆斯特丹、維也納、羅馬、 法蘭克福、倫敦	直飛
長榮航空	http://www.evaair.com/	巴黎、維也納	直飛
荷蘭航空	http://www.klm.com/travel/tw_tw/	阿姆斯特丹	直飛
瑞士航空	http://www.swissair.com/	蘇黎世	香港轉機
阿聯酋航空	http://www.emirates.com/	蘇黎世、米蘭、里斯本等城市	杜拜轉機
中國國際航空	http://airchina.com.tw/	雅典、巴黎、倫敦	上海或北京轉機
新加坡航空	http://www.singaporeair.com/	巴黎、蘇黎世、米蘭、法蘭克福、巴塞隆納、蘇黎世	新加坡轉機
泰國航空	http://www.thaiairways.com.tw/	哥本哈根、巴黎、羅馬、法蘭克福	曼谷轉機
大韓航空	http://www.koreanair.com/	巴黎、倫敦、布拉格、蘇黎世等城市	首爾轉機

行李的準備

　　行李的準備要符合季節的需求，尤其歐洲四季分明，如果又計畫前往山區旅遊，保暖的衣物一定不可少，因此不需要的雜物就盡量少帶。像我本身在瑞士經營民宿，每天看著形形色色的客人，居然看見有人還帶電鍋出國旅行！究竟哪些該帶，哪些不需要帶呢？以下列出的項目，提供給大家在準備行李的時候，拿出來對照看看吧！

隨身行李

一般經濟艙的乘客限重約7～8公斤。

1.錢包（現金、信用卡、提款卡）

2.護照（記得多帶一份影本，以防萬一）

3.電子機票

4.照相機&手機

5.電腦&I Pad

6.行程規劃及住宿訂房資料

7.隨身的旅遊書（或旅遊資料）

8.一兩套簡便的貼身衣物

拖運行李

一般經濟艙的乘客限重約20～30公斤。

1.盥洗用品&保養品

2.當季的衣服、外套、鞋子、帽子、
　太陽眼鏡

3.轉接頭&變壓器

4.餐具（如鋼杯、碗筷、電湯匙）

5.折疊式雨傘

6.備用藥品

7.泡麵或零食類產品

```
1 3 5
2 4 6
```

1.在飛機上使用手機或I Pad要啟動飛航模式

2.護照、錢包、提款卡和機票等物品要隨身攜帶

3.手提行李有大小的限制，約50cmx35cmx25cm

4.通常相機包不算一件手提行李的範圍

5.買多國用的轉接頭（右一）比較方便

6.歐洲的旅館只會提供洗髮精、沐浴乳及乳液，牙刷及牙膏要自備

歐洲人的禮俗

　　世界各地的民情文化不盡相同，前往其他國家當然得要入境隨俗，因此了解歐洲人的禮儀文化，才不會成為失格的旅人。以下有幾點要特別注意的事項：

見面要握手和親臉頰

　　在歐洲人的習慣中，初次見面的時候會握手並自我介紹名字，不太熟的朋友也以握手的方式來打招呼，這跟我們點點頭或揮手打招呼的習慣不一樣。至於比較親密的朋友之間，見面時則會擁抱及互相親臉頰（不是親嘴），男生和男生則握手即可。

歐洲朋友間見面會親臉頰

吃飯打嗝非常沒禮貌

　　跟歐洲人一起用餐，當眾打嗝是非常沒有禮貌的行為，若是吃東西覺得想打嗝的時候，一定要忍住或輕輕地控制音量，萬一真的不小心打嗝讓別人聽見，記得說聲「Sorry，對不起！」，這樣就可以了。除此之外，坐在餐桌上當眾剔牙也是不雅的舉動，請私下走到廁所或是沒人看見的地方來清理牙齒吧！

在歐洲吃飯時打嗝是沒有禮貌的行為

別過問私生活問題

　　我們的傳統文化，尤其是長輩經常會問「你一個月賺多少錢啊？」「有沒有男女朋友啊？」。老實說，在歐洲即使交情不錯的朋友之間，也不會去打探這些三姑六婆的問題，因為這些屬於個人隱私的範圍，若是對方想讓你知道，他（她）便會主動開口跟你說，不需要對別人的私生活這麼好奇。畢竟你是來歐洲旅行，不是來做身家調查的。

歐洲必去最美城市

歐洲國家有哪些非去不可的城市？這些城市又有哪些不能錯過的景點呢？本單元精選歐洲11個國家最熱門的旅遊城市，包括大家耳熟能詳的巴黎、威尼斯、布拉格等地，帶領大家欣賞美景，同時也要品嚐道地的傳統美食，深入體驗歐洲人的文化。

巴黎
Paris
情人專屬的浪漫

- 基本語言：法語
- 通用貨幣：歐元
- 城市人口：約1,100萬人
- 推薦指數：★★★★★
- 交通方式：長榮航空直飛巴黎，航程約13小時

巴黎是浪漫城市的代表

法國・巴黎

【從機場前往市區的交通圖解】：

1. 搭乘RER B線火車，平均10～20分鐘有一班車，到市區約半小時車程，車票11.45€（前往巴黎北站Gare du Nord、Chậtelet），每天4:53～00:27行駛

2. 搭乘350、351號公車，車票車票2.1€，平均15～30分鐘有一班車，到市區約70～90分鐘車程

3. 搭乘Roissy巴士，每15～30分鐘有一班車，到市區的車程約1小時，車票16.2€（前往歌劇院、老佛爺百貨）

戴高樂機場網址www.parisaeroport.fr

【巴黎市區的交通票券】：

巴黎的地鐵已經超過百年的歷史，市區裡幾乎每條街口就會有地鐵站，因此搭地鐵是造訪巴黎最普遍的方式。不過要提醒大家，由於地鐵的設施普遍老舊，許多地鐵站得自行扛行李走樓梯，行李太多的人需要注意。以下是兩種巴黎市區的主要票券（巴黎地鐵網址www.ratp.fr）

• Navigo悠遊卡（一星期30€、一個月84.1€）

這種Navigo票卡的功能，類似台北捷運的悠遊卡，使用的效期是每周一開始，到周日的24:00；停留時間比較久的人，也可以購買一個月份或是一年份的Navigo。在機場RER車站的服務窗口即可辦卡（卡費5€），需要準備照片，儲值之後記得簽名，進出地鐵站刷卡即可。

• 單程票t+ tickets（單張購買2.1€）

目前紙本形式的單程票，已經取消10張 t+ tickets carnet的單程票優惠，須於地鐵站內購買Navigo Easy卡（2€），再透過該卡加值購買10張票，才能享有16.9€的優惠價。

單程票就是所謂的t+ tickets，適用於不打算搭太多次地鐵的遊客，可以於自動售票機或是服務窗口購買。在90分鐘內，可以搭乘市區裡的大眾交通工具。

戴高樂機場內現代化的手扶梯　　　　　　　　　連繫航廈之間的電聯車（CDGVAL）

機場內的標示牌　　　　　　　　　　　　　　　RER車站的自動售票機

Ricky曾經在法國住了三年，老實說我從來不覺得巴黎很浪漫，可是千萬別聽我這樣說之後，便澆息了你心中對巴黎的憧憬，因為我並不想編織一個虛幻的美夢來騙人。大多數觀光客所看到的巴黎是很光鮮亮麗的表面，要深入了解這個城市，絕對要在這裡住上一陣子，你才會發現「巴黎人」（Parisiens）的生活居然是這麼一回事。

問一下身邊曾經在巴黎唸過書的朋友，是不是巴黎的公寓都很老舊又狹小，畢竟要在寸土寸金的花都生活，除非是很有錢的「好野人」，否則不容易找到寬敞又豪華的住所。走在街頭或是地鐵站內，經常看見蹲在一旁行乞的人士，三不五時還會聞到尿騷味，千萬別懷疑是自己的錯覺，這真的就是隨地小便所散發的味道。由於巴黎大多數的地鐵內沒有冷氣，夏天置身在人擠人的封閉地鐵站裡，悶熱的環境相信沒有人覺得舒服，而且還要提防猖獗的小偷覬覦你的財物。

即使有以上諸項負面的缺點，巴黎還是一個耐人尋味的城市。打扮時尚入流的紳士淑女們，踩著優雅的步伐走在街頭，空氣中飄逸著香水夾雜著淡淡的煙味，滿街精品的櫥窗和每個路口的轉角便有咖啡廳。擁有獨特的傲人格調，這就是巴黎她最迷人之處。

巴黎市政廳

該如何玩巴黎～親身體驗

　　總長度220公里的巴黎地鐵，已經運行一百多年，平均幾百公尺便有一處車站，要去巴黎市區內的任何景點，旅客們都能輕鬆地搭乘地鐵前往，稱得上是世界上交通系統最完善的城市之一。既然地鐵的網絡四通八達，那麼是否搭地鐵為遊覽巴黎最便利的方式呢？那就因人而異了。

了解巴黎的地鐵系統

　　巴黎的地鐵，根據列車行駛的距離分為Métro和R.E.R（Réseau Express Régional）兩種。Métro是以數字來編號，共有M1～M14等14條主線外加2條支線，主要運行於巴黎市區一到二圈之間的短程線，站與站的間距不遠；R.E.R則分為A、B、C、D、E等5條路線，串連起整個大巴黎的市區及郊區，包括前往機場的交通。

　　簡單來說，在巴黎市區內就是搭乘Métro為主，若是要前往比較遠的市郊就要搭長程的R.E.R，因為R.E.R在市區內只停靠重要的大站。

（詳細的路線圖及資訊請參考巴黎的地鐵網站 http://www.ratp.fr/）

若是真正熟悉巴黎的人，都知道某些地鐵站之間的距離很近，如果只是一兩站的距離，沿路逛街走過去倒不會花太多時間，而且如果你對地鐵不熟，經常會被複雜的路線搞得暈頭轉向，甚至搭錯車的話，不妨考慮用走路的方式來造訪巴黎，還可以順便逛街呢！

其次，有些巴黎的地鐵站都只設有階梯，對於扛著行李上下樓梯的旅客來說，就好像在做體能訓練一樣。除此之外，某幾條路線的小偷特別多，嚴重一點的甚至直接連搶帶跑，根本是防不勝防。因此搭地鐵之前，我會建議各位先仔細研究一番，至少住在交通比較方便的地點，這樣會輕鬆許多，省去換車的麻煩。

地鐵的搭車步驟解說

看路線圖，確定要去哪裡

巴黎的地鐵以圈（zone）來計算票價，一到二圈算巴黎市區的基本票價，市區以外的範圍屬於大巴黎郊區，如凡爾賽宮、戴高樂機場、迪士尼樂園等等的車票費用會比較貴。

買好車票

巴黎的地鐵有許多不同種類的車票，包括一個半小時內使用一張的單程票、一次購買十張的回數票 Carnet（比單張買便宜一些）、當天無限次數使用的一日券、長天數的儲值卡等等，可以依個人的需求在各地鐵站內購買。

1

2

3

4

1.巴黎地鐵標誌M，可別誤認為麥當勞了
2.地鐵站內都有詳細的路線圖，先確定搭哪條線
3.每個站內都有售票的窗口
4.自動驗票的閘門
5.跟著指標路線走到搭車的月台
6.地鐵的候車月台
7.要用手拉鐵桿，車門才會打開
8.列車內張貼沿路上的路線圖
9.跟著出口（sortie）的標示走便能出站

5

6

7

8

9

通過驗票的閘門

閘門都是採自動式，有綠色箭頭的號誌就表示可以進入，機器上會有插票的插入孔和上方的卡片感應區。若是用可以多次使用的票券，記得要將票取回來。

看標示牌，尋找要去的路線

進入地鐵站後，循著要搭乘路線號碼的指標走，會看見標示牌指出列車行駛的方向，確認要去的站名及方向後，便能走到正確的發車月台。

月台候車

來到月台上後，電子看板會顯示下一班列車抵達的時間。當列車進站後，先禮讓車上的乘客下車再上車。有些比較老舊的車種，要用手拉門上的鐵桿，車門才會打開（下車時也一樣）。

搭車前往目的地

列車車門上方會張貼沿路上的停靠站及換車的轉乘站，每一個車站也都有站名的標示牌，可以清楚地讓乘客們知道抵達哪一站了。搭車的時候千萬要注意自己隨身的包包，最好放在自己的視線範圍內並用手握住拉鍊，比較不會讓小偷有機可趁。

下車&出站

下車的時候，跟著出口（sortie）的標示走便能出站。若是需要轉車的話，則循著下一條路線的編號指標，就能前往另一個乘車的月台。

方便的觀光巴士

如果你認為搭地鐵很麻煩，我推薦另一種暢遊巴黎的方法就是「觀光巴士」（如Les car rouges）。巴黎有幾家經營觀光巴士的公司，這種雙層的巴士上層是開放式露天的座位，能將旅遊景點一覽無疑，對於喜歡拍照的人很合適。倘若你不喜歡吹風或曬太陽，那不妨坐在巴士的下層，一樣可以欣賞沿路的景色。

觀光巴士行駛的路線是特別針對遊客所設計，約每7～15分鐘就有一班車，會以固定的路線繞行市區裡的各大景點，若是持有通行票的旅客可以在任一站自由上下車，參觀完景點之後再搭車前往下一個目的地，簡單輕鬆的搭車方式，不用擔心會迷路的問題。

觀光巴士
時間： 每天行駛9:45～17:30
價位： 一日券，成人40.50€；二日券，成人67.50€、兒童37.80€
附註： 可以線上買票（有10%折扣）或是上車買票，二日券需要連續兩天使用。巴士路線會經過艾菲爾鐵塔、凱旋門、歌劇院、羅浮宮及杜樂麗花園等。

巴黎街道的標示牌1er，便是代表第1區

玩家小抄

認識巴黎的分區（arrondissement）
巴黎市分為1～20區，郵遞區號便是用750+區域來劃分，以第1區為中心往外擴充出去。舉例來說，75002就是第2區、75016就是第16區……。整體來說，1～10區都算是很中心的位置，其中北方的17～20這幾區的環境比較差，住宿最好能避開這些地區。若是郵遞以92、94開頭的這些地方，算是大巴黎郊區，交通上比較沒那麼方便，在找住宿時要多留意。

從凱旋門的頂端，能清楚地看見周圍的放射性大道

完美的市區規劃：香榭麗舍大道

　　自凱旋門前方的戴高樂廣場（Place de Charles de Gaulle，舊的名稱為星形廣場Place de l'Étoile），一直延伸到協合廣場（Place de la Concorde）的這條大馬路，就是巴黎最知名的香榭麗舍大道（Avenue des Champs-Élysées）。這條路於17世紀開始種植行道樹後，便奠定了它目前的雛型，後來政府進行整修並設置一盞盞美輪美奐的路燈，成為巴黎優雅又具韻味的時尚指標。

　　如今，長度將近2公里、寬70米的香榭麗舍大道，擁有寬敞的8線車道；不僅如此，以行道樹分隔開來的人行步道，同樣提供了民眾們非常廣闊的散步空間。精美完善的規劃，搭配道路兩側林立著脫俗的米白色樓房，精品名店、奢華旅館、高級餐廳比鄰而居，香榭麗舍大道素有世界上最漂亮的街道之美稱。我們就趕緊來參觀沿路上的景點吧！

宏偉的紀念碑：凱旋門

位於香榭麗舍大道起點的凱旋門（Arc de Triomphe），是新古典主義的代表作品。在西元1805年12月，拿破崙所率領的法國軍隊以寡擊眾戰勝了俄-奧聯軍，國勢因此達到了巔峰的狀態。為了慶祝這一場勝役，拿破崙下令在戴高樂廣場上興建了這座凱旋門，來迎接從戰場上凱旋歸來的法國軍隊。可惜後來拿破崙政權被推翻，凱旋門的興建工程也暫時停擺，一直延宕了30年後才完工。

如今的凱旋門是12條大道的起點，登上凱旋門的頂端，可以清楚地看見以此為中心點而向外擴散出去的放射性大道，宏偉磅礴的氣勢足以證明了當年法國的強盛。50公尺高的凱旋門牆面上，刻畫了以戰爭為內容的浮雕，拱門內還列出跟隨拿破崙出征的386位將軍名字。至於凱旋門下方的地面上，為第一次世界大戰所犧牲戰士們的紀念墓碑，周圍擺滿了鮮花和不滅之火。

壯觀的凱旋門

擁有8線車道的香榭麗舍大道

香榭麗舍大道旁的人行步道

香榭麗舍大道上有許多精品店

凱旋門下方的碑文

凱旋門上描繪戰爭的浮雕

凱旋門下方的不滅之火

凱旋門
地址：Place de Charles de Gaulle,75008 Paris
交通：搭乘地鐵1、2、6號線在Charles de Gaulle Etoile站下車，
再走地下道前往
時間：4月～9月 10:00～23:00、10月～3月 10:00～22:30，1月1
日、5月1日、12月25日休息，5月8日、7月14日、11月11日早上
休息
票價：13€（18歲以下跟家人同行的兒童免費）

凱旋門是香榭麗舍大道的起點

百年的「馬卡龍」老店：Ladurée

最近幾年刮起一陣旋風的法式甜點「馬卡龍」（Macaron），據說最早源自於中世紀的義大利，是用杏仁粉和打發的蛋白霜製作出來的一種小點心。不過馬卡龍真正的發光發熱是在17世紀的法國，由法王路易十六的王后瑪麗·安托內特（Marie Antoinette）引進法國的貴族社交圈，因而開始流行起來。

一直到了20世紀初期，法籍的烘焙師傅「拉杜蕊」（Ladurée）做了獨特的創新改革，他開啟了巴黎人喝下午茶的風氣，並將馬卡龍縮成了約3.5公分左右的大小，於上下兩層圓餅之間添加餡料，不但口味豐富多元，外型也更趨於美觀，是將馬卡龍推向國際舞台的重要功臣。既然來到巴黎，當然就不能錯過香榭麗舍大道上的這家Ladurée甜點名店。

淺綠色的店面搭配金色字體的招牌，雖然看起來不是非常的招搖顯眼，卻頗有老店樸實的風味。一走進店內，迎面而來的是櫃台透明櫥窗內那些讓人垂涎三尺的甜點，從獨門的巧克力、傳統法式糕點到五顏六色的馬卡龍，彷彿是一場時尚圈的甜點選美競賽，各類甜點不但互相爭奇鬥艷，更挑起饕客們想要大快朵頤一番的慾望。

各種口味的馬卡龍

加了Mascarpone起士的草莓派

千層派

彷彿回到上世紀的錯覺

Ladurée「馬卡龍」老店

網址：http://www.laduree.fr/

地址：75, Avenue des Champs-Élysées 75008 Paris

電話：+33（0）140 75 08 75

交通：搭乘地鐵1號線在Georges V站下車，再步行約5分鐘

時間：週一～日8:00～22:00

價位：一顆馬卡龍2.8€（推薦草莓、玫瑰、香瓜、焦糖等口味）、
千層派8.7€、草莓派8.5€、一壺香草茶6.7€

店內古典的裝飾風格

Pierre Hermé的馬卡龍也非常好吃

玩家小抄

巴黎另一家知名的「馬卡龍」店家就
是Pierre Hermé，熱門程度跟Ladurée
不分上下。曾經在Ladurée擔任主廚
的Pierre Hermé，擁有豐富的歷練，
於是他自己獨立門戶之後，立即廣
受歡迎。我個人覺得兩者的口感是差
不多，不過Ladurée的比較沒那麼甜
（可是比較貴），其實這種東西因個
人的口味而異，建議各位兩家都去吃
看看吧。

宏偉的大皇宮

華麗的展覽中心：大皇宮&小皇宮

　　僅隔著一條街相望的大皇宮（Le Grand Palais）及小皇宮（Le Petit Palais），是1900年巴黎舉行萬國博覽會所興建的樓房，象徵著「現代主義」潮流的產物。正面長達240公尺寬的大皇宮，落成時是當年巴黎最壯觀的建築物之一，正面古典的迴廊外觀屬於新藝術風格，屋頂則採用鋼筋支架搭配透明的玻璃屋頂，注入新穎又現代感的設計元素。

　　大門左右兩側的巨大馬車雕像裝飾，是法國知名雕塑家「雷西朋」（Recipon）的作品，添增整體的宏偉氣勢。至於小皇宮的規模雖然沒有如此龐大，卻也不失優雅華麗的風格，從它燦爛精美的金色大門入口便是最佳的證明。

　　這兩棟古典的建築物，目前成為巴黎各種的展覽會場。高挑明亮的大皇宮內部規劃成不同的空間，除了定期的主題畫展之外，還經常舉辦古董及3C電器用品的展覽活動，小皇宮裡則典藏巴黎許多藝術文物，包括近代知名的繪畫及雕塑品，是當地重要的美術館之一。

小皇宮的入口

大皇宮&小皇宮
網址：http://www.grandpalais.fr/、http://www.petitpalais.paris.fr/
地址：avenue du Général Eisenhower, 75008 Paris
電話：+33（0）1 44 13 17 17、+33（0）1 53 43 40 00
交通：搭乘地鐵1、13號線在Champs-Elysées Clémenceau站下車，出站即可看到
時間：週二～日 10:00～18:00

小皇宮外觀

唯美絕倫的亞歷山大三世橋

位在大、小皇宮旁邊的亞歷山大三世橋（Pont Alexandre III），同樣是當年萬國博覽會的展示成品之一，是大家公認巴黎最漂亮的橋樑。由於西元1892年，俄、法兩國協議友好同盟，俄國末代沙皇尼古拉二世贈送這座橋給法國，以他父親亞歷山大三世來命名，並在1896年進行動工奠基的儀式。

橋樑每一邊的兩側，各立著一根17公尺高的柱子，頂端安置鍍金的飛馬雕像，分別象徵「科學」、「藝術」、「工業」與「商業」，橋柱上的浮雕裝飾也各代表著法國不同時代的寓意。不論是橋樑上的雕塑，還是橋身一盞盞典雅的燈飾，整座橋散發出金碧輝煌的奢華韻味。而且當初建築師在設計的時候，還考慮到視野的景觀問題，因此從橋上便能夠直接遠眺遠方的艾菲爾鐵塔及一旁的傷兵院（les Invalides）。

亞歷山大三世橋
交通：搭乘地鐵1、13號線在Champs-Elysées Clémenceau站下車，再往塞納河的方向步行約10分鐘，過了大、小皇宮後便可看到

橋盡頭的傷兵院

裝飾精美的亞歷山大三世橋

血腥過往的協合廣場

香榭麗舍大道的最底端，就是車水馬龍的協合廣場（Place de la Concorde）。相信大家對這個廣場一定不陌生，因為電影《穿著Prada的惡魔》、《變形金剛2》等片都曾經來這裡拍攝取景。然而看似美輪美奐的廣場，在法國大革命期間曾經淪為血腥的斷頭台，我們耳熟能詳的法王路易十六和其王后瑪麗‧安托內特，就是在這兒被處決的。

協合廣場興建於西元1755年，由名建築師賈布里耶（Ange-Jacques Gabriel）所設計。他將廣場規劃成八角形狀，在周邊的每個方位設立8座代表法國8個主要城市的雕像。廣場正中央最醒目的焦點，除了兩座對稱的碟盤狀噴泉之外，便是那座一柱擎天的埃及方尖碑（obélisque）。

關於這塊方尖碑的由來，有一段趣味的歷史故事。當時法王路易‧菲力普（Louis-Philippe）用一座鐘和埃及政府交換禮物，可是鐘在運送到開羅時就已經損壞了，目前被安置在「穆罕默德‧阿里清真寺」（Mohammed Ali Mosque）的中庭裡，還是呈現壞掉的狀態。至於目前矗立在協合廣場上的方尖碑，則成為巴黎著名的觀光景點之一。因此，許多埃及人把這件往事當成茶餘飯後的笑話，他們認為埃及用千年的古文物去換一座壞掉的時鐘，實在不是一件明智之舉啊。

▌協合廣場
▌交通：搭乘地鐵1、8、12號線在Concorde站下車

車水馬龍的協合廣場

廣場上的雙碟式噴泉

方尖碑上的古埃及文字

埃及方尖碑

文明的寶藏：羅浮宮

不管你是否有興趣參觀博物館，我強烈推薦一定要來羅浮宮（Musée du Louvre），而且至少要安排半天以上的時間，才能仔細欣賞館內的收藏。號稱世界三大博物館之一的羅浮宮，典藏著來自世界各大文明共超過40萬件的藝術品和古文物，其中許多還是在歷史課本上唸過的作品呢。

羅浮宮的歷史

在1180年，法王菲力·奧古斯都（Philippe II Auguste）下令在塞納河畔興建一座防禦外敵入侵的城堡，這便是羅浮宮的前身，只不過當時是用來存放寶物和武器的場所。後來，查理五世（Charles V）和法蘭斯瓦一世（François I）將王宮搬遷到此，並大規模地進行擴建的工程，蒐集歐洲各地的藝術精品，自此為羅浮宮文藝復興風格的外觀及內部豐富的文化寶藏奠下了根基。

法國大革命之後，共和政府沒收許多貴族的財產及皇室收藏品，放置於羅浮宮內，以博物館的名義開放給大眾參觀，命名為「中央博物館」。在拿破崙執政期間，他從歐陸諸國所搜刮來的稀世珍藏和古文物，讓羅浮宮晉升為藝術寶庫的殿堂。

到了20世紀，由於館方的收藏品太多而展覽空間不足的情況，法國政府進行羅浮宮的改造計畫，包括華裔建築師「貝聿銘」所設計的透明金字塔入口，就是在這個階段所完成的作品。由於透明金字塔的現代前衛風格，剛落成時還遭受保守派的人士所批判，認為跟舊有的典雅建築格格不入。沒想到如今卻成為羅浮宮著名的地標，也是觀光客爭相拍照的熱門景點。

租借解說機的櫃台

羅浮宮
網址：http://www.louvre.fr/
地址：99, rue de Louvre, 75001 Paris
電話：+33（0）1 40 20 53 17
交通：搭乘地鐵1、7號線在Palais Royal-Musée du Louvre站下車
時間：週一、三、四、六、日9:00～18:00，17:30開始清場，週五9:00～21:45，21:15開始清場；每週二、1月1日、5月1日及12月25日休館
門票：網路購票17€、現場15€（18歲以下&歐盟26歲以下青年免費），適用博物館卡或Paris Tourist Pass，每個月（7&8月除外）第一個週五晚上18:00～21:45免費。建議事先上官網購票，可以避開現場排隊買票的人潮。

倒金字塔是《達文西密碼》中藏聖杯之處

羅浮宮內的展示廳

羅浮宮內的展示廳

《蒙娜麗莎的微笑》

不可錯過的作品：羅浮宮三寶

　　不單只是歐洲近代的藝術品，羅浮宮內還有大量的古埃及、古希臘及中東地區的出土文物，豐富又多元的收藏可說是包羅萬象。如果想要每一件都仔細欣賞過，我估計需要花上好幾天的時間。所以來到羅浮宮的遊客們，充其量只能挑重點或自己有興趣的主題來參觀。若是時間有限，那麼以下幾件重點作品是一定不能忽略的，就是俗稱的「羅浮宮三寶」。

《蒙娜麗莎的微笑》（la Gioconda）

　　歐洲古代的繪畫，一直都是羅浮宮最引以為傲的收藏品，其中最受歡迎、知名度最高的畫作就是《蒙娜麗莎的微笑》。這幅文藝復興時代的油畫，是義大利藝術家「李奧那多·達文西」（Leonardo da Vinci）耗時4年所完成的作品。這幅畫不但展現了文藝復興時期的女性美，優雅神秘的笑容及背景的光影交錯手法，為後人讚不絕口的曠世傑作。

　　不過當你看見這幅畫的時候，可千萬別太失望，因為它是楊木板油畫的關係，所以畫的面積只有77 x 53公分，算是很小的一幅作品。除此之外，這幅畫掛在透明的玻璃框內，遊客並無法太近距離欣賞。

《米洛的維納斯》（Vénus de Milo）

這尊約2公尺高的大理石雕塑像，是西元1820年在希臘的米洛島被發現的，估計是西元前2世紀的作品。古希臘人對身體非常著迷，他們認為軀體是上帝賜給人類的禮物，因此有許多雕像都赤裸裸地刻畫出身體的線條美。維納斯在古代是象徵「愛」與「美」的女神，代表美麗女性的典範，詳和的表情和身體傾斜的唯美側站姿勢，平滑細膩的上半身將人體的美態表露無遺。

《米洛的維納斯》雕像

《勝利女神》
（La Victoire de Samothrace）

羅浮宮三寶裡面，有兩件就是古希臘的雕像。這座大理石的雕刻作品大約完成於西元前2～3世紀，她是一位帶有雙翼的女神站在前進的船頭上，身上衣服的皺褶雕刻栩栩如生，自然柔順的模樣呈現出非常動態的流暢感。整體的造型，不論是線條的刻畫，還是明暗的對比效果，都非常地維妙維肖。從這兩件古希臘人的雕刻作品中，便能感受到他們對生命的讚賞，所以希臘被視為近代人類文明的起源。

《勝利女神》雕像

騎兵凱旋門

杜樂麗花園

　　從羅浮宮走往協和廣場之間的這片綠地，就是杜樂麗花園（Jardin des Tuileries）。西元16世紀，法國國王亨利二世（Henri II）去逝之後，他的遺孀卡特琳娜・梅迪齊（Caterina de Medici）決定搬出亡夫於羅浮宮的住所，於是下令在西邊250公尺遠的地方興建了一座杜樂麗宮（Palais des Tuileries）及花園。杜樂麗花園仿照她的故鄉：佛羅倫斯的文藝復興風格，採用左右對稱的格局來打造，不但設置精美的雕像和噴泉，還種植了許多來自義大利的花卉及果樹。

　　可惜的是宮殿於19世紀末被焚毀，之後就再也沒有重建了，不過今日的杜樂麗花園仍然保有當時的原貌。花園入口處的騎兵凱旋門（L'arc de Triomphe du Carrousel），則是拿破崙在位期間所修建，原本為杜樂麗宮的正門位置。貫穿花園中央的走道，起自羅浮宮中庭，經杜樂麗花園、協和廣場、香榭麗舍大道至凱旋門，是巴黎最重要的一條歷史軸線。

貫穿花園的走道，是巴黎最重要的一條歷史軸線

日夜兼美的艾菲爾鐵塔

　　矗立在塞納河畔的艾菲爾鐵塔（La Tour Eiffel，俗稱巴黎鐵塔），為巴黎最具象徵性的地標之一，每天早上開放進場之後到夜晚關門，無時無刻總是擠滿了密密麻麻的人潮，光是每一層樓花在排隊的時間就需要好幾個小時，然而大家還是排得心甘情願，為了就是目睹鐵塔卓越的迷人風采。除了鐵塔本身的建築結構是參觀的重點外，從鐵塔上所鳥瞰大巴黎市區的景象，更是美得讓人嘆為觀止。

造訪鐵塔的最佳起點：特洛卡德羅地鐵站

　　造訪巴黎鐵塔，我會推薦大家搭乘地鐵到特洛卡德羅（Trocadéro）這一站下車，一走出站就能看見前方的鐵塔。雖然這裡離鐵塔還有幾百公尺，卻是拍照的理想地點。

　　步出地鐵站，兩旁的圓弧形建築便是夏佑宮（Palais de Chaillot），樓房外圍豎立著金色的小雕像，襯托出遠方鐵塔的壯觀。目前的夏佑宮是西元1937年為了萬國博覽會所興建，兩翼大樓之間的廣場剛好位於鐵塔的正對面，由於這裡地勢比較高的緣故，居高臨下的位置擁有絕佳的視野。

特洛卡德羅地鐵站

每一層都有許多人排隊

夏佑宮外圍的金色小雕像

晚間點燈後的鐵塔，散發出迷人的風采

鐵塔的歷史

　　西元1887年開始興建的艾菲爾鐵塔，也是因為萬國博覽會及慶祝法國大革命滿一百年所興建。整座鐵塔共分為三層，包括最頂端的天線部份共324公尺高，直到美國紐約的克萊斯勒大樓（Chrysler Building）落成之前，一直是世界上最高的建築物。

　　由知名建築師艾菲爾（Alexandre Gustave Eiffel）所設計的鐵塔，採用鋼架為主體，整座中空的塔身僅僅以鉚釘來連接固定起來，寬度由底座一直往上縮減，目的是讓鐵塔能夠承受強風的吹襲。當年建造的時候，300名工人每天馬不停蹄地趕工，在 2 年內便完成這座建築。由於它突兀又前衛的外型，在那個年代飽受爭議及批評，原本鐵塔是預計在博覽會結束後的20年便拆除；後來因無線電的發明，鐵塔意外地成為發射訊號最理想的地點，而幸運地保存下來。

　　如今，艾菲爾鐵塔不但成為巴黎的象徵，更是觀光客爭相前來朝聖的景點。百年前的人們絕對沒想到，這座當時被視為醜陋的鐵塔，居然會有鹹魚大翻身的一天，成為巴黎最熱門的地標。

從夏佑宮是欣賞鐵塔的絕佳地點　　　鐵塔下排隊買票的人潮　　　中空的鐵塔僅以鉚釘連接固定起來

黃昏時刻從鐵塔鳥瞰巴黎市區的景觀

參觀鐵塔的最佳時間：黃昏

　　我認為傍晚的黃昏時刻，非常適合來參觀鐵塔，因為可以同時欣賞到白天及夜晚不同的風貌，更能從塔上鳥瞰夕陽下的巴黎景色，而且旅行團大多數是安排早上來鐵塔，傍晚的人潮會比白天稍微少一點點。縱然如此，你還是要估計約4～5個小時左右的時間，畢竟這裡隨時都有很多觀光客。

　　要提醒大家一點，上鐵塔前會經過嚴格的安全檢查，舉凡刀子及酒精類都不能攜帶。除此之外，由於塔頂的風勢比較強，最好要穿著夾克或是外套，否則會感覺很冷。

鐵塔上的景觀台

艾菲爾鐵塔
網址：http://www.toureiffel.paris/
地址：5, avenue Anatole France, 75007 Paris
電話：+33（0）1 41 10 08 10
交通：搭地鐵6、9號線到Trocadéro站，再步行約10分鐘
時間：全年開放，6月21～9月2日9:00～00:45、其他日期9:30～23:45，最後登塔時間為10:30
門票：成人到頂層28.30€、到第2層18.10€；4～11歲兒童到頂層7.10€、到第2層4.50€；12～24歲青年到頂層14.10€、到第2層9€；4歲以下免費，可先上網訂票，節省排隊購票的時間

具有藝術風味的蒙馬特

巴黎地勢最高的蒙馬特（Montmartre），位於130公尺高的小山丘上，自19世紀中期，這裡就是藝術家們的聚集地，知名的浪漫喜劇電影《艾蜜麗的異想世界》（Le Fabuleux Destin d'Amélie Poulain）一片中，便是以蒙馬特為故事背景，即使你是第一次來到這裡，也會感受到似曾相識的熟悉環境。

蒙馬特小纜車

通往聖心堂的主要通道，是一段拾級而上的白色階梯，兩旁階梯中間的草坪斜坡及板凳上，經常聚集了民眾坐著聊天、看風景。不過千萬別被這樣的景象嚇壞了，其實慢慢走上去的話，倒也不會覺得很累人。若是你真的不想走，一旁也有小纜車直達山頂，緊鄰纜車旁的小階梯更是電影中常出現的場景！

小纜車旁的階梯是許多電影的場景　　　　　　　　　　　　　　通往聖心堂的小纜車

蒙馬特區位於130公尺高的小山丘上

純白的聖心堂

從聖心堂前的階梯看巴黎市區的風景

純白聖潔的聖心堂

　　在西元1870年的普法戰爭時，巴黎遭受圍城斷糧長達4個月之久，一些虔誠的天主教商人便發願「如果巴黎能夠順利從普魯斯軍隊中脫困，他們將會蓋一座偉大神聖的教堂來獻給耶穌基督之心，那就是聖心……」。另一方面，戰爭慘敗之後，一群激進的份子組成「巴黎公社」（la Commune de Paris）發生暴動，好幾萬人因此而喪失寶貴的性命，所以建造聖心堂（Basilique du Sacré-Cœur）有贖罪懺悔的寓意。

　　聳立在蒙馬特山丘上的聖心堂，由建築師保羅‧阿巴迪（Paul Abadie）所設計興建，於西元1914年完工，不過一直等到第一次世界大戰後才正式啟用。據說聖心堂因為採用特殊的石灰岩材質，遇水後會不斷地滲透出方解石，即使在風化及污染的情況下，依然能夠一直保持純淨的白色外觀。

　　氣勢豪邁的聖心堂，建造的經費完全是由私人所捐獻。從正面看過去，底部是三道拱形的門廊，門廊的上方分別是聖女貞德和路易九世的騎馬雕像，有保衛法國的象徵；屋頂中央的大圓頂搭配左右對稱的小圓頂，散發著濃厚的羅馬-拜占庭風格。不過美景並非只有教堂本身，站在教堂前的階梯回頭往市區一看，居高臨下的位置可以欣賞到巴黎地區的廣闊景色，更是讓人讚不絕口。

聖心堂的圓頂

聖心堂

網址：http://sacre-coeur-montmartre.com/
地址：35, rue de Chevalier, 75018 Paris
電話：+33（0）1 53 41 89 09
交通：搭乘地鐵2號線到Anvers地鐵站，再步行約10分鐘
時間：週一～日6:30～22:30（圓頂開放時間10:30～8:30，最晚進入時間20:00）
車票：2.1€，適用於巴黎的地鐵通票

小丘廣場

距離聖心堂約3分鐘的腳程，是一處充滿藝術風味的小廣場，梵谷、畢卡索、雷諾瓦等畫家都曾經在這裡駐留過。記得我第一次來此造訪的時候，整座廣場上充滿了街頭藝術家，包括人像素描、風景水彩畫等各種畫作。可是曾幾何時，廣場的中央已經被餐廳和酒吧佔據了，只剩下周圍一些零星的畫家，整體的感覺跟之前相去甚遠。雖然如此，街頭畫家及小酒吧，仍舊是小丘廣場（Place du Tetre）最別致的傳統特色。

瀰漫藝術氣息的小丘廣場

街頭的水彩畫

小丘廣場旁的酒吧

歌劇院前尖峰時段的街景

熱鬧繁華的歌劇院區

　　在巴黎各大景點中，我認為以加尼葉歌劇院（Opéra de Garnier）為中心的區域，算得上是巴黎最繁華的心臟地帶，因為這裡不但有眾多俱樂部（如Olympia）及戲劇的演出，更是百貨公司駐足的熱鬧商圈。

　　不論你是想逛街購物、找間咖啡廳小酌一杯、還是計畫大快朵頤好好地吃頓晚餐，歌劇院一帶幾乎就是巴黎人生活的縮影，自然吸引各地的遊客們前來造訪。因此有此一說，「坐在這裡的街頭，你就能看見全世界的人們走過眼前」。

歌劇院被喻為「鍍金的結婚蛋糕」

加尼葉歌劇院

網址：http://www.operadeparis.fr/

地址：Place de l'Opéra, 75009 Paris

電話：+33（0）1 41 10 08 10

交通：搭乘地鐵3、7、8號線到Opéra地鐵站，出站便可看到

時間：每天10:00～17:00。1月1日、5月1日及特別活動期間不開放

門票：全票15€、學生及25歲以下的青年10€，持有Paris Tourist Pass可免費換票，可
上網購票及預約導覽團（入口處在歌劇院後方）

歌劇院內精美的裝飾

環狀觀眾席的小包廂

金碧輝煌的加尼葉歌劇院

通常我們所稱的巴黎歌劇院，便是指這間加尼葉歌劇院（Opéra de Garnier）。西元1875年落成的歌劇院，由建築師查爾斯‧加尼葉（Charles Garnier）所設計，融合古典及新巴洛克的建築風格。當初在建造歌劇院的時候，過程可說是一波三折，先是地基出現問題，再來又爆發普法戰爭，因此工程進度多次延宕。

歌劇院精美又典雅的外觀，被喻為「鍍金的結婚蛋糕」，然而它內部夢幻的華麗裝飾，才是真正讓人嘆為觀止的傑作。沿著大理石階梯走上去，精美細膩的雕像、奔放生動的畫作、古典風味的水晶燈飾，從每一處繁複的細節當中，都能感受到當年奢華炫耀的國勢，彷彿是到了皇宮一般，所以歌劇院被視為那個時代建築的典範。

在五層樓的環狀觀眾席中，以小包廂區隔成兩千多個座位，中央重達6噸的大型水晶吊燈，自色彩繽紛的屋頂垂降而下，即使昏暗的表演廳內也顯得格外的金碧輝煌。在西元1896年，這盞水晶燈因短路走火而發生掉下來的意外，後來這事件被改編成眾人皆知的《歌劇魅影》。

自屋頂垂降而下的水晶吊燈

富麗堂皇的模樣直逼皇宮

希臘式的瑪德蓮教堂

座落於巴黎鬧區的瑪德蓮教堂（L'église Sainte-Marie-Madeleine），外觀由52根20公尺高的大廊柱所環繞，看起來就像是一間希臘風格的神廟，相信任何人都很難忽視它的存在。西元19世紀時，拿破崙為了慶祝戰爭勝利及法王路易十八曾將其改建，而成為天主教堂。後來，雖然政府考慮把教堂改成銀行、火車站、及證券交易所，不過最終還是決定維持它教堂的功能。

教堂位於皇家路（Rue Royale）的底端，站在教堂的階梯往前望過去，能清楚地看見協合廣場上的方尖碑，並和塞納河對岸的波旁宮（Palais Bourbon）遙遙相對。教堂正面上方山形牆的雕塑，是描繪《最後的審判》，隨著階梯來到入口處，綠色的銅門上則刻畫著關於聖經《十誡》的浮雕，皆是值得留意的參觀重點。

教堂山形牆上描繪《最後的審判》的雕像

銅門上刻畫關於聖經《十誡》的浮雕

教堂由52根20公尺高的大廊柱所環繞

瑪德蓮教堂的外觀頗像是希臘風格的神廟

拉法葉百貨外觀

拉法葉百貨公司的穹頂

拉法葉百貨內部

引領時尚潮流的拉法葉百貨

　　喜愛購物的人，對於這間百貨公司一定不陌生！拉法葉百貨公司（Galerie Lafayette），有些人會直接音譯成「老佛爺百貨」，在法國及歐洲各地超過60家分店。這家位於豪斯曼大道（Bd. Haussmann）上的總店成立於19世紀末，後來因為吸引了大批的購物人潮，商場的生意蒸蒸日上，而不斷地擴大營業，成為巴黎首屈一指的商場。

　　如今「拉法葉」儼然成為引領世界時尚圈的潮流，各類精品進駐開設專櫃，包括LV、Longchamp、Gucci和最近很火熱的Balenciaga，館內還會舉辦當季的流行時裝走秀表演，大家絕對不能錯過！雖然巴黎有許多逛街血拚的好地方，可是這種匯集各大品牌於一身的百貨公司，該有的款式絕對不會比專賣店少，因此來這裡就能將名牌商品一網打盡，是比較聰明又輕鬆的購物方式。

拉法葉百貨
網址：http://haussmann.galerieslafayette.com/
地址：40, Boulevard Haussmann, 75009 Paris
電話：+33（0）1 42 82 30 51
交通：搭乘地鐵7、9號線到Chaussée d'Antin-La Fayette站，出站便可看到；或是搭乘地鐵3、7、8號線到Opéra站，再步行約5分鐘
時間：週一～六10:00～20:00、週日&節假日11:00～20:00

洋溢著老巴黎風味的廊街

廊街內的書攤

廊街
交通：搭乘地鐵8、9號線到Grands
Boulevards地鐵站，再步行約1分鐘
時間：晚上20:00～20:30之後會關閉

珠佛巷

老巴黎的懷舊風味：廊街

在蒙馬特大道（Bd. Montmartre）附近的區域，有幾條特殊的街景，那就是廊街（Les Passages），一般又稱為「藝廊」（galeries）或是「通道」（passages）。所謂的廊街，是位於樓房底下的室內走道，雖然從外觀看起來不怎麼起眼，可是走進去仔細逛逛才發現別有洞天，許多小餐廳、老書店、典雅的咖啡廳都藏在這裡面。

也許你會懷疑，真的有人會來逛廊街裡的商家嗎？其實只要是熟巴黎的人，一定都會知道這些私房的巷弄，而且顧及採光明亮的考量，廊街的屋頂通常使用透明玻璃與鋼鐵的設計，才不致於太過陰暗。這些廊街不但能遮風避雨，更保存了19世紀的老巴黎風味。幾處比較知名的廊街為「維多街」（Passage Verdeau）、「珠佛巷」（Passage Jouffroy）、「全景巷」（Passage Panorama）、和「維維安藝廊」（Galerie Vivienne）。

巴黎的根源：塞納河

　　貫穿巴黎的塞納河（La Seine），將市區分為南北兩部份，而巴黎最精華的
地區，就是沿著西堤島（Île de la Cité）的兩岸逐漸地發展起來，一般我們稱
河的北面為右岸、南面為左岸。自古以來，由於王室的政權中心集中於右岸，
因而發展的速度遠超過左岸，不過歷史悠久的左岸是許多學校的據點，充滿書
香及文藝氣息，也就是俗稱的「拉丁區」。

河中的歷史小島：西堤島

　　塞納河中央的西堤島（Île de la Cité），擁有易守難攻的地理位置，因此在
西元前3世紀的時候，人們便已經居住在島上。日後，巴黎就以這裡為核心不
斷地擴張，成為世界上首屈一指的頂尖城市。

　　巴黎最重要的教堂首推聖母院
（Notre-Dame），是西堤島上最
具有歷史性的建築物。始建於西元
1163年的聖母院，招攬當時最頂
尖的工匠師傅們參與興建，前後耗
時將近兩百年才完工。落成後的聖
母院成為法國各朝代舉行盛大活動
的場所，包括君王的加冕儀式、皇
室的婚禮、受洗及葬禮等等，皆是
選在這裡進行。說它見證了法國數
百年來的歷史，一點都不為過。

巴黎最精華的景點都落在塞納河兩岸

塞納河中的西堤島

矗立於塞納河畔的聖母院

　　嚴謹又完美對稱的建築風格，是聖母院最大的特色。正面最下方設置三道宏偉的大門，每一扇門都刻畫著精彩的浮雕；繼續往上延伸，是一整排28位以色列及猶太國王的雕像，雕像的上方是圓形的玫瑰花窗，搭配兩側對稱的廊臺。至於最上面的左右雙塔，則以吐火獸（Gargouilles）的排水孔裝飾聞名，據說這些怪獸雕像是聖母院的守護者，可以避邪呢！

聖母院
網址：http://www.notredamedeparis.fr/
地址：6, place du Parvis, 75004 Paris
電話：+33（0）1 42 34 56 10
交通：搭乘地鐵4號線到Cité站，再沿著rue de la Cité走5分鐘便可看到；或是搭乘地鐵1、11號線到Hôtel de Ville站，再走10分鐘
附註：因為聖母院於2019年4月發生火災，目前暫停開放給遊客參觀

飽覽兩岸風光的橋樑

　　橫跨塞納河的橋樑共有37座，不論是堅固的石橋、懷舊的木橋，還是簡約的鋼架橋，每座橋都有獨自的故事背景，也許有些橋不是以華麗取勝，不過卻依然散發出迷人的風采，因為它們都是陪伴巴黎興衰的最佳見證。

巴黎最古老的橋：新橋

　　可能因為受到愛情文藝片《新橋戀人》（Les Amants du Pont Neuf）的影響，在巴黎眾多的橋樑之中，新橋（Pont Neuf）特別受遊客們青睞，是大家爭相前來朝聖的觀光重點。

　　長278公尺、寬28公尺的新橋，由亨利三世在西元1578年下令動工建造，是當時最繁忙，也是最寬敞的一座橋，為目前巴黎最古老的橋樑，橋底下由12座拱形的橋墩所支撐，並且穿過西堤島的前端，為其一大特點。不過你可能會覺得奇怪，既然是最古老的橋，那為什麼會稱做「新橋」呢？這是因為要區別於其他的橋樑，而特別取的名字。

> 新橋
> **交通**：從聖母院步行過去約10分鐘

巴黎最古老的橋：新橋

人行步道的藝術橋

要欣賞新橋的全景，那麼附近的藝術橋（Pont des Arts）上是最佳的地點，能非常清楚地看見新橋和西堤島的相對位置。這座連繫羅浮宮和法蘭西學院（Institut de France）之間的藝術橋，原本興建於西元1802～1804年間，是巴黎第一座鋼架結構的人行步道橋，舊橋在二次大戰期間損毀，目前的橋是1980年代重建後的模樣。

在寬僅10公尺的藝術橋上，會不定期舉辦一些展覽，成為戶外街頭藝術活動的場所。過去，橋身兩側的鐵網柵欄上，曾經掛滿密密麻麻的「愛情鎖」聞名，象徵著情侶們的愛情如同這些鎖頭般，永遠地鎖在一起再也不分開。結果柵欄因為承受不住鎖頭的重量，而在2014年6月發生倒塌，於是政府已經禁止把鎖頭鎖在橋上的行為。

象徵永不分開的「愛情鎖」

塞納河畔的書報攤

浪漫情懷的塞納河畔

從聖母院沿著塞納河畔走到藝術橋，這段路是非常適合散步的悠閒河濱步道。在河岸上方的兩旁，是整排用小棚子搭建的書報攤，如果你想買些明信片或是風景圖畫等紀念品，沿途倒是有許多不錯的選擇。從階梯走下河岸，這裡便是巴黎人放鬆身心的小天地，你會看見人們三三兩兩坐在河邊，或是聊天或是吃著小點心，享受著都會區裡寧謐的浪漫情懷。

塞納河是巴黎人放鬆身心的小天地

地下墓穴

　　這處在巴黎市區底下20公尺深的墓穴（Catacombes de Paris），原本是一座源自15世紀的石灰岩採礦場，許多巴黎的石灰岩建築物，包括打造聖母院和凱旋門雕像所需要的高級石材，便是從這裡的地下所挖掘出來。因為當時混亂無序的違法採礦方式，一旦採礦完後便棄置不理，形成巴黎左岸地下到處蔓延著這樣的隧道，估計有數百公里長。因為大量的地基被掏空，甚至造成地面上的房屋倒塌。

　　在1786年時，巴黎許多民眾因瘟疫而喪命。在過多的屍體但墓地空間不夠的情況下，政府將原本埋葬在墓園和修道院的骨骸搬移到此，成為一處地下的公墓，總共估計達600萬具。自從墓穴在19世紀初開放給大眾後，便吸引許多好奇的人前來探險，目前僅開放部分路線供民眾參觀，實際的長度有好幾倍。

　　雖然在其他國家也有類似的地下墓穴，但是成千上萬的人骨遺骸堆疊成牆壁，完全沒有玻璃窗或棺木之類隔開，真的是非常驚悚。巴黎的地下墓穴能如此近距離欣賞人類遺骸，連頭骨上的紋路都能很清楚地看到。

入口處的大門，上方寫著「禁止進入！這裡是死亡國度。」（Arrête! C'est ici l'empire de la mort.）

這些人骨都是從其他墓園遷移過來

到處都是堆疊的人骨

網址：https://www.catacombes.paris.fr/
地址：1 Avenue du Colonel Henri Rol-Tanguy, 75014 Paris
交通：搭乘地鐵4、6號線到Denfert-Rochereau站下車，出站過馬路就到了。搭乘火車RER B或公車38、68號到Denfert-Rochereau站下車。
時間：週二～日9:45～20:30（售票處19:30關閉），每週一＆1/1、5/1、12/25公休
價位：成人29€、兒童10€。在參觀的同一天上網購票，享有last minute的折扣價，成人15€、18歲以下免費
附註：
（1）因為這裡參觀的人潮很多，前來造訪之前最好先上網購票（需要預定參觀的時間場次）。當天訂票的話，將近有半價的折扣，建議前一天上網查詢是否還有名額，出發前趕緊上網訂票就好。
（2）地下墓穴開放的長度僅1.5公里，扣除排隊的時間，實際在底下參觀的時間約40～50分鐘左右。因為位於地下20公尺深，溫度約14度，怕冷的人最好攜帶夾克。
（3）檢查門票後的入口處和出口皆有廁所。禁止攜帶腳架或使用閃光燈拍照。

經濟實惠的特色小食

　　很多人來歐洲旅行，都會覺得物價太高而節省吃飯的開銷。本篇就來介紹巴黎一些「傳統小食」，只要花點小錢就能夠體驗法國人平常吃什麼，誰說填飽肚子就一定得花大錢上餐廳呢？

可頌麵包 Croissant
（唸法：krwa-soŋ，類似「垮送」）

　　可頌是非常普遍的法國麵包，在一般的超市或麵包店都能買到。傳統的可頌麵包是呈半月形（或是牛角形），以發酵的麵糰加奶油捲起來，這樣做法的層次感吃起來外酥內軟。不過現在很多商家不會將彎度做得那麼捲，因此有些會稍微偏直。除了在法國之外，在歐洲各國都能買到，算是很大眾化的麵包種類。價位約0.6～1歐元，視各麵包店或大賣場的價位而定。

巧克力麵包 Pain au Chocolat
（唸法：pen-o-ʃɔ-ko-la，類似「篇-歐-修口啦」）

　　這款麵包是Ricky的最愛，我住在法國的那幾年幾乎天天都買來吃！傳統的法國巧克力麵包都是長方形，外皮吃起來跟可頌麵包一樣，不過裡面包有膏狀的巧克力內餡，咬起來的硬度適中，巧克力的部份既不會太硬，也不會軟到流出來。價位約0.6～1歐元。

長棍麵包 Baguette
（唸法：ba-get，類似「巴-給」）

　　傳統的法式長棍麵包，有相當嚴格的尺寸大小限制，直徑大約是5～6公分左右，長度約略在65公分～1公尺之間。這種麵包的成份只使用水、麵粉、和鹽去發酵，完全不包含奶油或是其他添加物，所以吃起來能夠聞到最原本的麵粉香味。

　　法國人的吃法，會切成塊狀搭配起士、果醬或是奶油一起食用，有的也會用來製造成三明治。通常剛出爐的長棍麵包最好吃，若是沒吃完的話，用塑膠袋密封起來，隔天再吃的時候還是很鬆軟，若是再多放幾天就很難吃了。價位約0.8～1.2歐元。

可麗餅 Crêpe
（唸法：krep）

　　源自法國北部的可麗餅，一般又稱為法式薄餅，是用牛奶、雞蛋、小麥麵粉調製成的麵糊，在平底烤盤煎熟薄薄的一層餅皮後，再淋上各種不同口味的調味醬料，如巧克力、水果醬等，有些店家也供應火腿或是蔬菜等鹹的口味。價位約3～5歐元。

三明治 Panini
（唸法：pa-ni-ni, 類似「趴-逆-逆」）

　　Panini一字是義大利文，是一種烘烤過的麵包三明治，內層包了生菜、火腿等餡料，夏天吃起來滿清爽可口，而且經濟實惠就能解決一餐，有些店家會再加熱過再販售，超市裡面也能找到這種現成的三明治。價位約2～4歐元不等。

5天4夜的經典路線規劃

Day 1

（地鐵）凱旋門 ▶（步行）香榭麗舍大道 ▶
（步行）大小皇宮 ▶（步行）亞歷山大三世橋
▶（步行）協合廣場 ▶（步行）杜樂麗花園

　　用完早餐後搭車前往凱旋門，因為早上順光是拍攝凱旋門最佳的時間，沿著香榭麗舍大道上散步走往大小皇宮的方向，可以在途中的餐廳用餐或坐下來吃點心。下午參觀大小皇宮及一旁的亞歷山大三世橋，繼續其他的景點。

Day 2

（地鐵）羅浮宮 ▶（步行）藝術橋 ▶（步行）塞納河畔 ▶（步行）新橋 ▶（步行）西堤島 ▶（步行）聖母院

聖母院旁的左岸，有許多特色的咖啡廳

　　若是沒有購買巴黎博物館通行證的人，建議這天要早點出門，因為排隊等候進羅浮宮的人潮非常多，至少要估算半天以上的時間。參觀完羅浮宮後吃點東西，走到旁邊的藝術橋，可以在塞納河畔坐下來休息片刻，再走往聖母院的方向。晚上可以在附近用餐。

Day 3

（地鐵）蒙馬特 ▶（步行）聖心堂 ▶（步行）小丘廣場 ▶（地鐵）艾菲爾鐵塔 ▶ 遊船

　　這天早上安排蒙馬特地區，不需太早出門沒關係，建議可以在小丘廣場或是附近的
餐廳用午餐。休息片刻後，搭乘地鐵前往艾菲爾鐵塔，由於這裡的遊客很多，需要花
點時間排隊上塔頂，可以從鐵塔上欣賞夕陽下的巴黎景致，晚上打燈後的鐵塔更是讓
人陶醉。

Day 4

（地鐵）瑪德蓮教堂 ▶（步行）歌劇院 ▶（步行）拉法葉百貨公司 ▶（步行）蒙馬特大道 ▶
（步行）廊街

　　把握在巴黎的最後一整天，因此下午安排商圈及百貨公司購物的行程。除了拉法葉
百貨公司，附近的春天百貨也是血拚的天堂。

龐畢度中心

Day 5

（地鐵）奧塞美術館 ▶（地鐵）
龐畢度中心 ▶（地鐵）前往車站
或機場

　　離開巴黎之前，若是白天
還有時間的人，可以考慮選擇
幾處重要的博物館來參觀，包
括知名的奧塞美術館（Musée
d'Orsay，地鐵站Solférino，週
一休館）及造型奇特的龐畢度
中心（Centre Pompidou，地
鐵站Rambuteau）。

阿姆斯特丹
Amsterdam
霓虹聲色的縱情城市

- 基本語言：荷蘭語
  （英語普遍都可以通）
- 通用貨幣：歐元
- 城市人口：約75萬人
- 推薦指數：★★★★★
- 交通方式：從台灣可搭乘荷蘭航空（KLM）
  或華航直飛阿姆斯特丹，航程約13小時

阿姆斯特丹郊區的風車村：桑斯安斯

1.黃色的Arrivals Hall入境指標
2.行李的輸送帶
3.機場內前往火車站的指標
4.售票櫃台
5.地下樓層的火車站月台
6.阿姆斯特丹的中央火車站

荷蘭‧**阿姆斯特丹**

【從機場前往市區的交通圖解】：

1. 火車：從機場的火車站，搭手扶梯到地下樓層的月台，搭乘前往市區中央火車站（Amsterdam Centraal Station）的火車，車程約15～20分鐘，單程票價 4.5€。搭車前，車票要先在黃色的機器刷卡感應。詳細的班次資訊，可以查詢荷蘭國鐵網站www.ns.nl

2. 公車：從機場前方的廣場搭乘397號公車／夜間巴士N97（Amsterdam Airport Express），到博物館廣場約30分鐘，約每10～15分鐘有一班車，單程票價6.5€，於上車時買票

3. 計程車：從機場到市區需要半個小時的車程，平均價位大約是45～50€之間，有些不合法的黑市計程車會在機場前招攬客人，搭車前要特別留意

1 2 3
4 5
6

【阿姆斯特丹市區的交通票券】：

- GVB day pass
  如果純粹想買阿姆斯特丹市區的「交通票券」，那麼就可以考慮這種票。GVB車票類似的悠遊卡，分為1～7天等數種，計算方式為24小時為區間。從當天8:00開啟票券，就能用到隔天的8:00，上下車時都要記得刷卡

- 阿姆斯特丹卡 I amsterdam City Card
  卡片分為24小時60€、48小時85€、72小時100€、96小時115€、120小時125€，可以搭乘GVB公司的各種交通工具，包括阿姆斯特丹市區的公車、電車及地鐵都能無限次數搭乘，而且還享有免費進入主要博物館的優惠。卡片事先上網（www.iamsterdam.com）訂購，至少需要6天以上的工作天才會寄送到府。如果出發時間緊迫的人，在機場2航廈的旅遊中心或中央火車站，及市區的售票處也可以買到

民風開放的阿姆斯特丹，存在著合法化的紅燈區，顧客逛街挑選環肥燕瘦的櫥窗女郎，就像上市場買菜一樣稀鬆平常；遊走在街頭巷尾，空氣中隨時會飄過來嗆鼻的大麻煙味，畢竟抽大麻根本不是什麼新鮮的事；你會看見手牽手走在路上的同性戀伴侶，因為同性結婚早就被承認了。這些在其他地方被視為「傷風敗俗」的社會行為，在阿姆斯特丹卻一點都見怪不怪，兼容並蓄的寬容文化，便是它受人們喜愛的原因！

水道和腳踏車，是阿姆斯特丹街頭的典型景觀

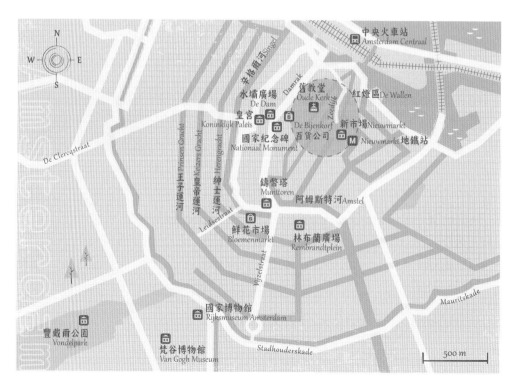

火車站旁的碼頭　　　　　　　　　　　　　　　　　史基普機場是歐洲重要的轉運站

由小漁村蛻變成商業大城

　　荷蘭的首都兼第一大城阿姆斯特丹，其名稱是由Amstel和dam兩個字所組成，意思為阿姆斯特河（Amstel）的水壩（dam）。在西元13世紀的時候，這裡只是個河堤旁的小漁村，由於地勢低於海平面的緣故，為了居民的安全起見，因此在村莊的旁邊興建水壩，名稱也改為阿姆斯特丹。

　　到了西元17世紀，荷蘭的東印度公司（VOC）成立，開始派遣商船航行到世界各地進行貿易，除了歐洲諸國之外，更遠達亞洲的台灣、印尼、印度及南美洲的巴西等地，位居海港的阿姆斯特丹於是成了重要的交通樞紐，頓時間由小漁村蛻變成歐洲的航運及商貿中心，開啟了它歷史上的黃金時代。

　　如今，雖然荷蘭最大港口的地位已經被鹿特丹（Rotterdam）所取代，可是阿姆斯特丹依然是一處繁忙的商業中心，許多公司企業的營運總部都設立於此，包括荷蘭銀行（ABN AMRO）、ING保險集團、飛利浦電子公司等等。除此之外，阿姆斯特丹的史基普機場（Schiphol Airport）更是歐洲重要的航空轉運站，為世界上最繁忙的機場之一。

阿姆斯特丹街頭賣的「特殊」糖果

五光十色的歡樂城市

　　歐洲傳統的舊城裡，隨處皆充滿了古色古香的樸實風味，可是來到阿姆斯特丹的舊城區，一股活潑熱鬧的氛圍流竄於復古的建築物中，在那櫛比鱗次的老房舍之間，閃爍的霓虹燈下是滿街林立的酒吧和餐廳，街上人們喧嘩歡樂的模樣，儼然如一處五光十色的聲色場所，尤其周末夜晚笙歌鼎沸的情況，簡直就是個不醉不歸的城市。

1.各式各樣的壯陽藥品
2.櫥窗掛著千奇百怪的保險套
3.阿姆斯特丹隨處能看見情趣用品的商店
4.窗簾拉起來的櫥窗
5.舊城區內霓虹閃爍的酒吧

1
2
3
4
5

舊教堂

紅燈區

交通：這裡是阿姆斯特丹市區裡最古老的區域，自中央火車站走過去，約10分鐘便能抵達，主要分佈在舊教堂（Oude Kerk）附近的小巷弄間。地址：Barndesteeg, Bethlehemsteeg, Bloedstraat, Dollebegijnensteeg, Enge Kerksteeg, Goldbergersteeg, Gordijnensteeg, Molensteeg, Monnikenstraat, Oudekerksplein, Oudekennissteeg, Oudezijds Achterburgwal, Oudezijds Voorburgwal, Sint Annendwarsstraat, Sint Annenstraat, Stoofsteeg, Trompettersteeg這幾條街道

玩家小抄

雖然阿姆斯特丹吸食大麻合法，不過若是你未滿18歲，還是不能在店家購買這類的軟性毒品，其他的毒品如海洛因、搖頭丸則是屬於非法的毒品，千萬不要嚐試，也不要在街上任意向陌生人買毒品，避免發生不必要的糾紛。

聲色縱情的紅燈區

阿姆斯特丹紅燈區（De Wallen Red-light District）的源起，可追溯回西元14世紀左右，當時出航的水手上岸後，成群結伴在舊城裡尋歡作樂，於是色情行業便在港口地區逐漸地蓬勃發展。之後，一間間的情趣用品店和同性戀酒吧相繼開設，再加上性博物館的成立，形成特殊的情色文化圈，自然吸引觀光客們的好奇心，畢竟不是每個國家都有這麼開放又合法化的環境。

白天的紅燈區看似平靜，可是已經能見到在招攬客人的女郎，等到夜晚，穿著清涼的辣妹更是讓人看了血脈賁張。每位櫥窗女郎擁有獨立的小房間，當櫥窗上的窗簾拉起來，表示她們正在工作中或是還沒開始上班。若是已經開工的話，她們會站在門口或是透明的櫥窗前，以妖媚的眼神來挑逗男性路人，我甚至還遇過「阿嬤」在我面前將胸罩拉下來，直接秀出她豐滿卻鬆弛的雙乳，這樣突如其來的大膽誘惑，我覺得自己像隻被驚嚇過度的小白兔。

雖然紅燈區的街道開放給民眾隨意參觀，不過有些基本的禮儀還是得遵守，例如在街上喝到酩酊大醉、向陌生人買賣毒品、隨地大小便等等，都是屬於非法的行為，縱然阿姆斯特丹是個自由的城市，但也不是個漫無法紀的地方。最重要的一點，千萬不能對著這些櫥窗女郎拍照，即使是站得遠遠地偷拍，還是會被保鏢或是她們發現，而招惹不必要的麻煩上身。

紅燈區裡的另一項重點，就是千奇百怪的情色商品，包括性感內衣褲、充氣娃娃、各式各樣的保險套等等，從玻璃櫥窗就能讓你看得心頭小鹿亂撞，倘若你不覺得害羞，不妨大方地走進店內參觀選購，也是非常有趣的紀念品。

當地居民買菜的新市場

悠閒氛圍的新市場

如果你是害羞或觀念比較保守的人，春色蕩漾的紅燈區也許太過於刺激了，那麼附近的新市場（Nieuwmarkt）倒是能舒緩一下緊張的情緒。原本這裡是中古世紀城牆的舊址，在17世紀城市擴建時，政府決定將運河填平設立市場，城門也同時改建成一棟紅磚屋，做為農產品秤重的地方，因此一般人稱它為「過磅屋」（Waag）。

在第二次大戰期間，由於納粹軍隊將抓來的猶太人聚集在此，再分批送往集中營，新市場變成一處讓人聞風喪膽的地方。揮別了這段悲慘的過往，如今新市場散發著悠閒的氛圍。每天早晨，廣場上擺起琳瑯滿目的攤位，有剛出爐的麵包店、新鮮的蔬果攤，以及其他色、香、味俱佳的食物，夏季周日還會有古董市集。廣場旁邊的樓房下，開設一整排的露天咖啡店，每逢天氣晴朗的日子，總是有很多人坐在陽光下，享受悠閒的輕鬆時光。

新市場北邊的Zeedijk街，便是阿姆斯特丹的中國城。我知道有些人出門旅行吃不慣歐美的食物，倒是可以來逛逛這裡的中餐館，品嚐懷念的家鄉味，不論是湯麵、叉燒飯類、還是小點心，中餐的價位便宜、份量又大，是相當經濟實惠的選擇。

1 2
3 4

1.曾經是古城牆的過磅屋
2.賣新鮮麵包的攤位
3.蔬果市集
4.新廣場旁邊的露天咖啡座

新市場

交通：自中央火車站走過去，約15分鐘內，或是搭乘地鐵到Nieuwmarkt，出站就是新市場了。

中國城位在新市場北邊的Zeedijk街內

具有歷史意義的水壩廣場

自阿姆斯特丹的中央火車站，沿著正前方的Damrak大街直走到底，就能抵達遊客如織的水壩廣場（De Dam）。這裡是當年在阿姆斯特河上建造防洪水壩的地點，然後城市的版圖便以此為核心開始拓展，早期的各種商業活動、漁市場、政府機關都是設立在這一帶，為歷史上的政治和經濟中心。

興建於西元1956年的國家紀念碑（Nationaal Monument），是水壩廣場上最醒目的焦點，代表著追求自由與和平的理念。這座22公尺高的白色圓錐形高塔，底部後方有座半圓形的牆壁，裡頭放置12個裝了荷蘭各省份泥土的土甕，用來紀念二次世界大戰壯烈犧牲的士兵們。至於矗立在紀念碑兩旁的兩隻獅子雕像，展現出傲氣威猛的模樣，代表著昔日荷蘭在世界上的霸主地位。

座落於國家紀念碑對面的皇宮（Koninklijk Paleis），是水壩廣場周圍另一棟重要的歷史建築。這棟建於1648年的皇宮，原本是阿姆斯特丹的市政廳，從它的外觀和鐘塔的設計便能看出端倪（歐洲通常有鐘塔的建築物，不是教堂就是市政廳等政府機構），宏偉又壯麗的新古典建築風格，是荷蘭過往黃金歲月的最佳典範。在19世紀時，由於荷蘭的統治者路易・拿破崙（Louis Napoléon）非常喜愛它兼具雅致與奢華的風格，於是下令改為他私人的皇宮。

水壩廣場上的國家紀念碑

水壩廣場
交通：搭乘路面電車1、2、4、5、9、13、14、17、24、25號到Dam站下車。從中央火車站步行約10分鐘的腳程。

曾經是皇宮的市政廳

　　水壩廣場位居阿姆斯特丹舊城的心臟位置，是造訪這城市最理想的起點，因為這裡四通八達的交通路線，能夠輕鬆地聯繫各景點，而且重要的商圈皆座落於附近，不但有De Bijenkorf、Fame Plaza這幾家老字號的百貨公司，繁華的商店街卡爾夫街（Kalverstraat）也是從這裡向外蔓延出去到鑄幣塔（Munttoren），形成阿姆斯特丹人氣最高的逛街去處。

Fame Plaza百貨公司

卡爾夫街是熱鬧的商店街

繁忙的十字路口：鑄幣塔

位在阿姆斯特河及辛格爾河（Singel）匯流處的鑄幣塔（Munttoren），聳立於一處車水馬龍的十字路口，共有7條街道交會於此，是阿姆斯特丹最繁忙的地區之一。鑄幣塔原本為舊城門的一部份，包括兩座鐘塔及一間守衛室。結果在西元1618年發生一場大火後，只殘留守衛室和西側部份的塔樓，於是荷蘭人又建造了新的鐘塔，在鐘塔的四個方位各安置時鐘。新的紅磚鐘塔跟底下房屋的顏色深淺不一，便能看出是不同年代的產物。

後來，法國人在17世紀入侵荷蘭之際，攻佔鑄造錢幣的地方，政府為了要保護這些錢財，將鑄幣的工廠搬遷到這裡以掩人耳目，這棟建築物才被稱為鑄幣塔。可惜的是，鑄幣塔目前並不對外開放參觀，不過每星期六的下午2點至3點間，悠揚悅耳的鐘聲將會傳遍附近的區域，街上的路人都能沉浸在美妙的音樂中。

> **鑄幣塔**
> **地址**：Muntplein 12, 1012 Amsterdam
> **交通**：搭乘電車4、9、14、16、24號
> 線到Muntplein站，再走1分鐘

鑄幣塔上的徽章標誌

晚間的鑄幣塔景觀

位於鮮花市集旁的鑄幣塔

廣場中央的林布蘭雕像

從高處鳥瞰林布蘭廣場

林布蘭廣場的周圍聚集了許多餐廳及酒吧

酒吧、餐廳匯集的林布蘭廣場

由於我下榻的旅館就在這廣場的旁邊，因此看見白天和晚上的落差景象，真的讓我覺得不可思議。以荷蘭史上最知名的畫家林布蘭（Rembrandt van Rijn）來命名的林布蘭廣場（Rembrandtplein），是阿姆斯特丹夜生活的重心。白天的廣場，跟舊城其他地方沒什麼差異，充斥著絡繹不絕的觀光客和散步的居民。廣場的中央矗立著林布蘭的紀念銅像，而在銅像底下的那一群雕像，則是仿照他作品《夜巡》裡的角色所重現的模樣，為大家爭相拍照留念的景點。

既然這裡是夜生活的重心，當然就是越晚越熱鬧。霓虹閃爍的招牌下，搭配酒吧裡播放著動感的音樂旋律，當夜幕低垂之後更顯得生動誘人。整座廣場上熙熙攘攘的人潮，夾雜著顧客們飲酒喧鬧的歡笑聲，猶如是夜夜笙歌的大型派對。可是隔天早上，人行道上隨意亂丟的垃圾、七零八落的腳踏車、甚至有人還宿醉地睡在街頭，縱情歡樂過後的景象，用滿目瘡痍來形容一點都不為過。

早晨的廣場，是一片滿目瘡痍的景象

林布蘭廣場
交通：搭乘電車4、9號線
到Rembrandtplein站，或從鑄幣塔步行
約5分鐘即可抵達

水道的浪漫：北方威尼斯

　　以大城市的規模來説，阿姆斯特丹算是非常悠閒的城市，尤其水道及運河遍佈每一個角落，素有「北方威尼斯」的美稱。因此造訪這個城市，並不需要趕著參觀景點，才能體會到她悠閒浪漫的氛圍。

水道遍佈的阿姆斯特丹
有「北方威尼斯」的美稱

城市發展的支架：運河

阿姆斯特丹的城市發展，完全建立於水道的基礎上。自從17世紀開始，由於人口急遽地增加，於是政府實施有規劃性的都市擴建，在市區裡開鑿大小不一的運河，分別扮演防禦、污水處理、運輸等不同的功能，打造出像蜘蛛網般的環狀運河帶（grachtengordel），成就今日阿姆斯特丹獨樹一幟的景觀。

位於鑄幣塔旁邊的鮮花市場

辛格爾河

在環狀運河中，辛格爾河（Singel）是最內側、最古老的一條水道，源起於中央火車站附近，一直延伸至鑄幣塔。在中世紀時，阿姆斯特丹的市區就是辛格爾河以內的部份，因此為古代舊城區的護城河。辛格爾河沿岸最熱門的景點，莫過於整排爭奇鬥豔的鮮花市場（Bloemenmarkt）。嚴格來説，這些販售花卉的店家是搭建在河面上的船屋，由於水道是早期運輸貨品最便利的途徑，商店們就索性沿著河岸聚集起來做生意，演變至今日成為阿姆斯特丹市區裡的花市。

鮮花市場的店家，是搭建在辛格爾河上的船屋

爭奇鬥豔的花卉

鮮花市場

地址：Singel河
交通：搭乘電車4、9、14、16、24號線到 Muntplein站，在鑄幣塔的旁邊
時間：每天9:00～17:30（週日11:30～17:30）

遊客也可以買花卉的球莖回家栽種

紳士運河

紳士運河旁的街道及房屋

▌ 紳士運河旁的豪宅
地址：170～172, 409, 411, 456～485, 497,
504, 510, 579, Herengracht

紳士運河

　　在三條主要的環狀運河中，紳士運河（Herengracht）是第一條開鑿的新渠道，也是辛格爾河往外圍算去的第一條。在紳士運河落成之後，許多富商名流　紛紛在河岸旁興建大宅邸，甚至將兩間房屋打通成一棟，目的就是讓門面顯得更為寬敞氣派。介於Leidsestraat和Vijzelstraat之間的紳士運河，是此類豪宅聚集的黃金地段，所以這一區又稱為黃金轉彎（Gouden Bocht）。

皇帝運河

以神聖羅馬帝國皇帝：馬克西米連一世（Maximilian I）來命名的皇帝運河（Keizers Gracht），介於紳士運河和王子運河之間，是環狀水道中最寬敞的一條，兩旁也林立著許多精美的宅邸。當冬天河面結冰的時候，運河就形成一處天然的溜冰場，民眾們除了可以享受溜冰的樂趣之外，更不用和汽車及腳踏車互相爭道，廣闊的水道轉眼間變成人們專屬的溜冰道。

寬敞的皇帝運河及河岸旁古典的房屋

皇帝運河旁的豪宅
地址：123, 141, 177, 209, 220,
224, 242～252, 334～346, 384,
672～674 Keizers Gracht

王子運河

位居最外圍的王子運河（Prinsen Gracht），是環狀運河中最長的一條，河岸兩旁的房屋大多建造於17世紀的黃金時代，門面細膩的裝飾風格，展現出荷蘭傳統的建築特色，沿岸熱門的景點包括阿姆斯特丹最高的西教堂（Westerkerk）及安妮之家（Anne Frank Huis）。

安妮法蘭克為了躲避德軍迫害的住所

王子運河旁的傳統房舍

西教堂

王子運河

「山形牆」是阿姆斯特丹典型的建築特色

市區裡的建築特色：山形牆

阿姆斯特丹最古老的房子，一律都是以木板為建材，萬一發生火災的話通常無法倖免，因此碩果僅存的木質老屋寥寥無幾。目前市區裡的那些傳統建築物，則大多數是自16世紀之後所遺留下來的石磚屋，結構上不但比以往的木屋更為牢固，而且每棟房屋精美的裝飾風格，彷彿是一件件佇立在街上的藝術品般，散發著迷人的韻味。

其中，房屋門面頂端的「山形牆」（gable）造型，為阿姆斯特丹最典型的建築特色。山形牆承襲木造房屋的設計概念，後來富豪們為了要彰顯個人的財富，開始在自家的房子美化外觀，衍生出不同形態的山形牆，包括層層的階梯式、風帆狀的鐘形式，以及長條狀的頸型式，搭配不同的顏色線條及雕刻塑像，而呈現出五花八門的風格。

最原始的三角山形牆　　　　　長條狀的頸型山形牆　　　　如風帆狀的鐘形山形牆

階層階梯式的山形牆

山形牆外頭的吊勾橫桿，是運送物品的特殊裝置

　　由於山形牆的內部空間較為狹隘，所以經常會被當做儲藏室來使用。仔細看看山形牆的外頭，有的會稍微往外傾斜，並有一根凸出的吊勾橫桿，這是運送東西到樓上的特殊裝置。因為阿姆斯特丹房屋的門面不寬敞，若是要從室內搬運大型的家具到樓上並不方便，住戶們便利用繩索將物品從外頭往上拉，就不需要從屋內逐層這樣搬上去。

3個XXX的標誌圖樣

代表阿姆斯特丹的3個XXX標誌

　　遊走在阿姆斯特丹的街頭，不論是路椿還是建築物上，總是會不經意地看見3個XXX的標誌圖樣，原來這是具有歷史典故的符號呢，分別代表了「水」、「火」、與「黑死病」，它們在早期是肆虐這個城市的嚴重禍害。於是居民在大街小巷標示這XXX的符號，目的就是把這3項列為「拒絕往來戶」，象徵著祈求平安的意味。

　　第1個表示「水」的X，由於荷蘭人生活在地勢低窪的土地上，在還沒完善地整頓河道和水壩之前，居民必須要想辦法與海爭地，因此不希望洪水來淹沒家園，大家才能順利地生存下去。第2個X代表著「火」，古代滿街都是木造房屋，只要一發生大火便難以控制局勢，所以民眾們也期望不要有火災。第3個X就是「黑死病」，在數百年前，蔓延於歐洲各國的黑死病帶走了不少人命，死傷相當地慘重。

　　一直流傳到今日，3個XXX便成為阿姆斯特丹這個城市的徽記，他們這種習俗，跟我們貼門神圖像避邪的方式有異曲同工之妙呢！

騎腳踏車也要遵守紅綠燈
的號誌

腳踏車為主要的代步工具

　　因為城市規劃的重點在於水道建設的緣故，阿姆斯特丹的街道
普遍都很狹窄，幾乎看不到百米寬的大馬路。為了解決交通上的
問題，政府便推動居民使用自行車為主要的代步工具。今日阿姆
斯特丹最大的特色之一，就是腳踏車來回穿梭在市區的各角落，
而且到處都停滿了腳踏車。

　　根據統計數字，這個城市將近有80萬輛的腳踏車。在阿姆斯特
丹的街頭，不論是拿著公事包、西裝筆挺的上班族，還是打扮豔
麗的時尚貴婦，你會發現不分男女老少，大家都習慣踩著腳踏車
出門，儼然從小就養成騎腳踏車的習慣。我想這種情況的最大好
處，就是不會有什麼環境污染問題，在阿姆斯特丹的舊城裡逛一
圈，絕對不會滿臉烏煙瘴氣地回家。

　　不過要激起民眾騎腳踏車的意願，首先當然要有完善的配套
措施才行。在阿姆斯特丹市區，除了汽車道和人行道之外，還另
外設置腳踏車專屬的車道。許多來到這裡的旅客（包括我自己在
內），經常會不小心就走在腳踏車道上，而形成險象環生的交通
景象，因此來到阿姆斯特丹，千萬要特別注意地面上的標誌。

在阿姆斯特丹，總是少不了腳踏車的蹤影

腳踏車的市區導覽團

文藝復興風格的國家博物館外觀

充滿文藝氣息的博物館區

　　光是阿姆斯特丹大大小小的博物館加起來，就超過四十幾間，稱它為充滿文藝的都市一點兒都不為過。而且，大多數重要的博物館都集中在同一區域，喜歡參觀博物館的人不需要東奔西走，可以就近將阿姆斯特丹的美術展覽品一網打盡，是非常貼心的規劃。

收藏豐富的國家博物館

　　成立於西元1800年的國家博物館（Rijksmuseum Amsterdam），在8年後才搬遷至阿姆斯特丹，為全國規模最大的博物館。目前看起來像是城堡的外觀，是由建築師Pierre Cuypers所設計建造，他也是中央火車站的設計者，因此兩棟作品的風格極為相似。館內收藏史前到近代的各類作品，其中以林布蘭的《夜巡》為知名度最高的作品。

國家博物館
地址：Museumstraat 1
電話：+31（0）20 662 1440
交通：自中央火車站搭乘2或5號電車，
在Hobbemastraat站下車
網址：http://www.rijksmuseum.nl/
時間：每天9:00～17:00
門票：成人22.5€、18歲以下免費、持有博物館卡免
費，建議事先上網購票，避開排隊買票的人潮

中央火車站，建築風格跟國家博物館相似

梵谷博物館

國家博物館後方的I amsterdam，是遊客爭相拍照留念的標誌

梵谷博物館
地址：Paulus Potterstraat 7（入口處）
電話：+31（0）20 570 5200
交通：自中央火車站搭乘2或5號電車，
在Van Baerlestraat站下車
網址：http://www.vangoghmuseum.nl/
時間：9:00〜18:00
門票：成人20€、18歲以下免費、持有博物館卡免費，
建議事先上網購票，避開排隊買票的人潮

梵谷博物館

　　從小就立志想要當畫家的梵谷（Vincent Willem van Gogh），是荷蘭後印象派的知名畫家，對近代藝術界有深遠的影響。這間位於阿姆斯特丹的梵谷博物館（Van Gogh Museum），收藏了《向日葵》（Sunflowers）、《吃馬鈴薯的人》（The Potato Eaters）、《麥田群鴉》（Wheatfield with Crows）等膾炙人口的作品，另外還有素描及私人書信的展覽，喜歡梵谷的人可千萬不能錯過。

博物館區公園的裝飾

恬靜鄉村景觀的風車村

恬靜的鄉村景致：桑斯安斯風車村

　　位於阿姆斯特丹郊區的桑斯安斯（Zaanse Schans），擁有荷蘭典型的鄉村風光，在綠意盎然的田野間，一座座風車矗立在蜿蜒的河道旁，不但充滿寧靜恬淡的氣息，美麗動人的風景更營造出浪漫的情懷，這種感覺跟市區裡五光十色的熱鬧氛圍截然不同，是一處能讓人平靜下來、沉澱心靈的優美環境，相信每一位來訪的旅客都會流連忘返。

從火車站前往桑斯安斯的指標

桑斯安斯風車村

交通：自中央火車站搭乘火車至Koog Zaandijk（車程約20分鐘），下車後再沿著指標步行約15分鐘即可抵達

電話：+31（0）75 681 0000

網址：http://www.zaanseschans.com/

時間：9:00~17.00（每座風車的開放時間略有不同）

門票：風車，成人5.50€、4～17歲兒童2.50€、家庭卡2大2小13.50€

建議：若是懶得走路參觀的人，不妨考慮租借腳踏車，體驗徜徉在綠意的田野小徑的快感（需要押證件），一小時的租金約5～6€

每一座風車都有不同的功能

風車博物館裡的影片介紹　　風車利用天然的動力來運轉　　風車村內有許多小動物

風車的由來

　　也許你會覺得好奇，為什麼風車會成為荷蘭的特殊景觀呢？其實，世界上各地的建築物風格，多少都和地理環境有密切的關係。早期荷蘭人生活在這塊低窪的土地上時，便得想辦法築壩圍堤克服這先天的劣勢，他們開鑿水道以免洪水氾濫成災、建造風車來抽水，進而利用風車的動力從事各項生產活動，包括發電、鋸木材、研磨穀物等等。

　　由於荷蘭地勢平坦又靠海，因此多數地區的風勢強大，然而這樣的因素剛好有利風車的發展。風車從最原本的人工操作，進化成靠著水力和風力來運轉，這種把劣勢轉化成優勢的能力，讓荷蘭人非常地自豪。所以荷蘭流傳著這樣一句話，「上帝創造了人類，荷蘭風車創造了陸地」。不過來到了風車村之後，我才體會到真正的箇中含意。

小橋、流水、人家

　　過去風車全盛的時期，荷蘭共有超過一萬多座風車，後來在工業革命的電動機器發明下，才逐漸把風車淘汰，而殘留下來的風車便成為荷蘭的特色。有些風車會開放給遊客們進入參觀，讓大家更深入地認識風車的運作方式。

　　嚴格說來，桑斯安斯風車村是一處戶外博物館，打造出16～17世紀荷蘭的傳統生活模式。從整體的環境規劃、房屋的樣式建構、木橋的設計等等，宛如是回到過去純樸的時光，「小橋」、「流水」、「人家」所編織成的景象，簡直就是一處遠離塵囂的世外桃源。不僅如此，走在花團錦簇的鄉村小道間，周遭是低頭吃草的牛羊，偶爾還會跟昂首闊步的雞群不期而遇，這些動物非但不怕人類，還會主動跑過來親近，是不是很讚的地方呢？

多元化的美食

　　來到阿姆斯特丹，吃飯是一件很享受的事，因為各國風味的餐廳比比皆是，甚至很多還供應吃到飽的服務，餐點的價位也算是非常合理，絕對不用擔心為了節省旅費，而煩惱飲食的問題。

Rancho餐廳的外觀（第III分店）

Rancho豬肋排餐廳

　　這家烤豬肋排餐廳在阿姆斯特丹有4家分店，提供各種南美口味的炭烤牛排、豬肋排、烤雞和鮭魚等其他海鮮類，對於喜歡吃炭烤的人一定會喜歡。

搭配青蒜醬的烤豬肋排

Rancho III
交通：自鑄幣塔往林布蘭廣場的方向走過去約3分鐘
電話：+31（0）20 623 4386
地址：Reguliersbreestraat 37
網址：http://www.rancho.nl/
建議餐點：600克豬肋排約19.5€

滑蛋牛肉飯

中國城：榮記飯店

　　如果你出門旅行吃不慣西方的食物，那麼阿姆斯特丹的中國城內，便能提供家鄉味的菜餚。這家榮記飯店是經過當地的友人介紹，從十幾年前的小店面一直經營到目前的規模，就能知道風評相當不錯，連當地的老外都喜歡吃呢！

榮記飯店（Wing Kee）
交通：離新市場約5分鐘的腳程
電話：+31（0）20 623 5683
地址：Zeedijk 76～78
建議餐點：叉燒飯、滑蛋牛肉飯，份量很大，若是食量小的人，2個人吃一份差不多剛好

榮記飯店外觀

荷蘭的特殊飲食模式：食物自動販賣機

食物自動販賣機

　　荷蘭街頭有一種特殊的食物自動販賣機，賣的東西包括薯條、漢堡、熱狗及炸肉卷等等，只要投幣進去就能買到熱騰騰的食物，對於臨時肚子餓又想吃點心的人，這是非常便利的方式。注意！有的機器不會找零錢。

3天2夜的散步路線規劃

舊教堂一帶是阿姆斯特丹最古老的地區

Day 1

（步行）De Wallen區 ▶（步行）新市場 ▶（步行）中國城 ▶（步行）水壩廣場 ▶（步行）卡爾夫街Kalverstraat

　　步行前往阿姆斯特丹最古老的De Wallen區（紅燈區），造訪那一帶的舊教堂及紅燈區，接著步行到新市場，中午在中國城用餐休息後，下午到水壩廣場附近。水壩廣場周圍的皇宮、杜莎夫人臘像館（Madame Tussauds Museum）都是值得參觀的重點。然後傍晚時分，在附近的商圈及百貨公司血拚購物。

風車村是阿姆斯特丹近郊的觀光重鎮

Day 2

（步行）安妮之家 ▶（步行）西教堂 ▶（步行）環狀運河區 ▶（步行）鮮花市場 ▶（步行）鑄幣塔 ▶（步行）林布蘭廣場 ▶ 晚餐 ▶（步行）紅燈區

　　今天主要的重點，是體驗阿姆斯特丹的環狀運河區。一早出發前往王子運河旁的安妮之家，通常需要花點時間排隊，順便參觀附近的西教堂。中午休息過後，沿著運河散步到鮮花市場，途中可欣賞兩岸的豪宅，可安排在林布蘭廣場用晚餐。晚上再到紅燈區逛逛，見識一下和白天不同的風味。

阿姆斯特丹的傳統房屋

Day 3

（步行）博物館區 ▶（火車）桑斯安斯風車村 ▶（火車）離開阿姆斯特丹

　　早上前往博物館區參觀，國家博物館及梵谷博物館是最重要的參觀重點。下午搭乘火車到近郊的Koog Zaandijk，造訪風車村。傍晚再返回中央火車站，準備搭火車或搭機離開阿姆斯特丹。

蘇黎世

Zürich

湖光山色間的典雅風華

基本語言：瑞士德語（及標準德語）

通用貨幣：瑞士法郎CHF，1瑞郎約36塊台幣

城市人口：約38萬人

推薦指數：★★★★

交通方式：台灣沒有直飛瑞士的航班，建議可搭乘

瑞航或是國泰經香港轉機，飛行時間約14小時

蘇黎世秋天的金黃景色

以金融中心聞名的蘇黎世（Zürich），連續好幾年被評比為世界上居住品質最佳的城市。你一定很好奇，究竟是什麼樣的要件，才能打造出眾人夢寐以求的生活環境呢？簡單來說，這是一座讓人能夠放鬆身心的大城市。一般商業重鎮給人的刻板印象，不外乎緊張忙碌的氛圍、雜亂擁擠的市容、人滿為患的街道，可是這裡完全不是這麼一回事。

盤踞在湖光山色之間的蘇黎世，集明媚的風景和典雅的建築於一身，得天獨厚的自然環境搭配便利的交通網絡，成為瑞士的首善之都。井然有序的街景，反映出瑞士人注重高水準的居住品質；精準便捷的大眾運輸系統，證明了他們有條不紊的態度。全世界大概沒幾個地方像蘇黎世一樣，似乎一切是如此地完美無瑕。

火車的自動售票機

在櫃台排隊買車票的人潮

出關後跟著指標走到火車站

火車站的地下月台

瑞士 · 蘇黎世

【從機場前往市區的交通圖解】：
蘇黎世機場離市區僅10分鐘的車程，搭乘火車到市區是最快速又方便的方式。由於機場的工作效率很高，從飛機降落到提領行李出關大約僅約40分鐘，旅客只需要跟著指標走，就能輕易地前往蘇黎世。
1. 從亞洲飛到蘇黎世機場的航班，通常會停靠在E航廈，旅客們要搭乘電聯車到主航廈出境
2. 排隊通過海關，領完行李，走到出境大廳
3. 沿著火車站的指標（Bahn、Train）走到火車站大廳
4. 在機器或是售票櫃台買好車票，從機場到市區的單程票為6.8CHF，車程約10分鐘，持有瑞士交通券（Swiss Travel Pass）可免費搭乘
5. 到地下月台搭乘火車到中央火車站（Zbrich HB）

【蘇黎世市區的交通票券】：
蘇黎世的交通券以區域（zone）計算，在火車站或電車站都能購買車票，票券可以搭乘該區內的火車、電車及公車所有的交通工具。由於票券上會註明購票時間，持有車票就能任意上下車，不需要打票或刷卡感應。火車及渡輪分為頭等艙及二等艙，電車和公車則沒有分艙等。
如果只待在蘇黎世市區，一個區短程的單趟車票效期為30分鐘，頭等艙4.5CHF、二等艙2.7CHF。在當天內會多次搭乘的旅客，不妨就直接購買24小時的蘇黎世交通券比較划算，24小時的票價為頭等艙9CHF、二等艙5.4 CHF。搭船遊湖和半夜搭車會多收加乘，得多付5CHF的手續費。若是持有瑞士交通券（Swiss Travel Pass）的旅客，就不需要再買任何車票，車子來直接上車即可。

安康富足的商業城

在1351年蘇黎世正式加入瑞士聯邦，逐步晉升為瑞士的文化和商業核心。雖然金融交易和商貿活動，為今日蘇黎世的主要產業，可是跟世界上頂級的城市相較下，蘇黎世的人口並不算多，新潮的摩天高樓也屈指可數，取而代之的是散發藝術氣息的古典樓房。即使置身於繁忙的都市裡，卻絲毫感受不到緊張的壓迫感。

蘇黎世的街道非常整潔乾淨

漫步在蘇黎世街頭，仔細瞧瞧身邊往來穿梭的人群，總是能不經意看見打扮時尚入流的上班族，或是全身珠光寶氣的貴婦，人人抬頭挺胸走在路上的模樣，似乎都是受過伸展台訓練的模特兒。這種充斥著上流社會的睥睨氣息，隱約可以從當地民眾的身上，嗅出一些富足生活的端倪。

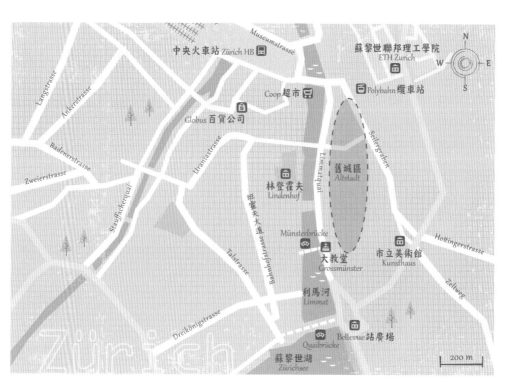

散發著悠閒氛圍的利馬河畔

橫貫市區的利馬河

冬季被白雪覆蓋的蘇黎世，別有一番風味

幾乎沒有高樓大廈的蘇黎世

中央火車站古典的外觀

火車站內分好幾層

施華洛世奇水晶打造的銀白聖誕樹

多功能的中央火車站

蘇黎世的中央火車站（Zürich Haupt Bahnhof，簡稱 Zürich HB），是連繫全國各大城市的交通樞紐，進出頻繁的車次和密密麻麻的人潮，對於初次抵達蘇黎世的遊客，也許會被中央火車站搞得暈頭轉向，乍看之下還頗令人心慌！但是，花點時間來認識火車站後，你會發現兼具多功能用途的車站，原來是個逛街的好地方呢！

興建於西元19世紀的中央火車站，外觀樓房呈現典雅的新文藝復興風格。在人來人往的大廳廣場上，每逢周三搭建起各式各樣的攤位，搖身一變成了買賣蔬果的臨時菜市場，到了12月份的聖誕節前夕又化身為聖誕市集，尤其以施華洛世奇水晶打造的銀白聖誕樹，在車站內散發出晶瑩閃爍的光芒，為本地聖誕節的獨特標誌。

搭乘手扶梯來到B2及B3的地下樓層，這裡提供旅客們貼心的硬體設備，包括自動寄物櫃、廁所及盥洗室、餐廳、超級市場及地下商場（Rail City）等設施。在凜冽的寒冬及天氣不佳的日子，躲在火車站內逛街倒是滿理想的選擇。若是有機會來到蘇黎世的人，不妨利用等車的空檔，來參觀一下這座多采多姿的火車站。

蘇黎世中央火車站內的廣場

火車站地下樓層的商家

名牌與時尚的班霍夫大道

一步出中央火車站的大門，前方緊鄰的就是蘇黎世最熱鬧的商業街：班霍夫大道（Bahnhofstrasse）。自火車站一直延伸到湖邊，這短短1.4公里的路程，將蘇黎世最耀眼的特質展露無遺。廣闊的街道兩旁，坐擁各大名牌和精品店，同時也是百貨公司、銀行、鐘錶店、餐廳匯聚的商圈，從店家透明櫥窗內擺設的名貴服飾及高級珠寶，件件充滿了前衛又時尚的摩登元素，反應出這個都市繽紛繁華的色彩。

1 2
1.班霍夫大道是逛街的好去處
2.班霍夫大道上的UBS銀行

Jemoli是班霍夫大道上著名的百貨公司

班霍夫大道上的樓房

在班霍夫大道上逛街購物，是很舒服又自在的經驗。往來於街道中央的電車和人行道之間，以綠蔭的椴樹分隔開來，人們可以恣意地逛街，而不需要注意橫行的車輛，良好的治安環境，更不用緊張地提防小偷覬覦你的財物。沿途中，除了精品名店之外，路邊的小吃攤、餐廳、酒吧樣樣不缺，隨時都能坐下來休息喝茶。

班霍夫大道是蘇黎世的流行指標，而且任何人都能輕易地享受這股歡愉的氛圍，即使你不打算花大錢敗家，一樣也能領略到它獨一無二的魅力。從這條街上形形色色的人種，白人、亞洲人、黑人、阿拉伯人，不難發現蘇黎世是個兼容並蓄的城市，它所展現出來的不光是金融與時尚，更流露著國際化的特質。

繁華市區裡的悠閒天地：林登霍夫

介於班霍夫大道和利馬河（Limmat）畔之間的小丘陵：林登霍夫（Lindenhof），是隱蔽於鬧區裡的一處桃花源。數千年前，這裡原本是古羅馬堡壘的遺址，現在成為居民們忙裡偷閒的最佳去處，經常能看見在附近的上班族，攜帶三明治坐在樹蔭下的長凳、或坐在牆垣邊喝杯咖啡小憩片刻，甚至還有人喜歡來這裡下棋會友，充滿了閒情逸致的氣氛。

林登霍夫是逃離塵囂的小天地

在下棋的居民

許多人會在樹蔭下小憩片刻

　　由於林登霍夫的地勢較高，又隔著利馬河和舊城區相望，因此能將蘇黎世舊城的景色一覽無遺。在這片繁忙的商圈裡，寧謐的林登霍夫猶如是一處逃離塵囂的小天地，來這裡欣賞著眼前的美景、淨空身心的俗事枷鎖，將平日的煩惱拋諸九霄雲外，這不就是人生中的小確幸嗎？

地勢較高的林登霍夫，能將舊城的景色一覽無遺

洋溢著古樸低調的舊城

復古懷舊的小巷弄：舊城區

　　跟規劃整齊的班霍夫大道完全迥異，舊城區（Altstadt）裡蜿蜒又曲折的石板街道，座落著色彩繽紛的房舍。漫遊在徒步區的小巷弄，讓人有種回到過去的錯覺，似乎把時間拉回到懷舊的中世紀，一磚一瓦都洋溢著古意盎然的味道。在如此不規則的建築風格之間，每一寸足跡都會讓你有驚喜的發現。從極度奢華轉為古樸低調，這就是蘇黎世迷人的地方。

　　白天的舊城區裡，除了品嚐各國風味的餐廳及酒吧之外，逛逛一些比較稀奇古怪的小店面，說不定會有意想不到的收穫，像質感頗佳的二手衣物、造型前衛的雅痞服飾、有設計感的小家具店，都是挖寶的好地方，但是這裡不只侷限於商家而已。

小巷弄穿梭的舊城區　　　　　　　　　　　舊城區裡有各國風味的餐廳

到了傍晚入夜之後，沸沸揚揚的人群揭開熱鬧的序幕，聚集在此的酒吧和情色場所開始成為活躍的地方，縱然門口只掛上幾張火辣的美女照片，完全讓人摸不著頭緒店裡頭搞什麼花樣，可是在撲朔迷離的霓虹招牌下，似乎暗藏著無限的春色，更顯得神秘誘人。

暗藏著無限春色的店家廣告

舊城區的店家多屬特色小店　　　舊城區的噴泉可以生飲

紅色小纜車：Polybahn

在舊城區起點的Polybahn纜車站，若是沒有熟人帶路的情況下，我想很多遊客都會忽略它的存在。躲在一般樓房內的紅色小纜車，是前往山腰上：蘇黎世理工學院（Eidgenössische Technische Hochschule）的捷徑，雖然不是驚險刺激的纜車路線，倒是市區裡挺有趣的另類體驗。愛因斯坦曾經任教的蘇黎世理工學院，歷年來培育出許多優秀的人材，是瑞士頂尖的學府之一。除了欣賞學校的古典建築物及優美的環境之外，還能俯視蘇黎世市區的不同風貌。

紅色的Polybahn纜車　　　蘇黎世理工學院外觀　　　學校內古典優雅的建築

雙塔矗立的大教堂

大教堂門口上的浮雕

大教堂
地址：Grossmünsterplatz, 8001 Zürich
電話：+41（0）44 252 5949
交通：搭乘電車4、15號在Helmhaus站
下車，再步行約1分鐘
網址：http://www.grossmuenster.ch/
時間：週一～六10:00～18:00、週日
12:30～18:00
費用：登上塔頂的門票5CHF
附註：教堂內禁止拍照

宗教改革的先驅：大教堂

舊城區裡最醒目的焦點，就是矗立於利馬河畔的大教堂（Grossmünster）。這間教堂最早由羅馬帝國的查理曼大帝，於西元1100年左右開始興建，在歷史上扮演著相當重要的角色，因為這裡曾經是16世紀宗教改革的地點之一。教堂大門入口處的青銅浮雕，為德國著名雕塑家奧圖‧謬許（Otto Münch）的作品，沿著階梯爬上直指天際的尖塔，能鳥瞰整個市區及蘇黎市湖的曼妙風光。

從大教堂高塔上俯視對面的聖母院

巧克力口味的Eclaire　　　　　　店內的餅乾　　　　　健康又養生的燕麥粥

百年咖啡老店

　　這間位於舊城區的 Conditorei Schober-Peclard 咖啡館，是擁有百年歷史的傳統老店，以糕點和巧克力等甜食聞名，喝過它們家咖啡的人都讚不絕口。雖然店鋪的外觀看起來不怎麼起眼，但走進店內卻是別有洞天。以花卉點綴在各角落的店家，呈現出高貴典雅的風格，一樓的後花園猶如私人的庭院，營造出悠閒寧靜的氛圍，來到二樓的座位，輝煌耀眼的擺設彷彿宮殿一般，整體的氣氛非常不錯。

　　不光是店裡的裝潢漂亮，餐點也要夠好吃才能吸引顧客上門。除了喝咖啡、吃甜點之外，許多蘇黎世的饕客們還喜歡來這裡享用早午餐，推薦的餐點當然就是瑞士傳統早餐：燕麥粥（Birchmüesli）。源自於瑞士的燕麥粥，原本是畢爾克（Maximilian Mircher-Benner）醫生建議病患的食物，混合了牛奶、水果、優格、麥片所調製而成的餐點，流傳到今日成為養生飲食的聖品，不但營養豐富又吃得健康。

咖啡廳的外觀　　　　　　　　二樓的家具擺設彷彿宮殿一般

Conditorei Schober-Peclard
地址：Napfgasse 4, 8001 Zürich
電話：+41（0）44 251 5150
交通：自火車站步行約15分鐘
網址：http://www.conditorei-cafe-schober.ch/
時間：週一～五8:00～19:00、週六8:00～20:00、週日9:00～19:00
費用：甜點+飲料一個人約10～15CHF左右
附註：甜點要自行到櫃台選購&付款，其他餐點可以向服務生點菜

一樓後花園的座位　　　　　　裝潢很夢幻的咖啡店

本頁左上角為瑞士國旗標誌

工業區的嶄新面貌：蘇黎世西區

　　大家印象中的工業區，應該是堆積著廢鐵、烏煙瘴氣的模樣吧？有誰會想到蘇黎世昔日的工業區，居然能變成很夯的觀光景點？這絕對不是在跟你開玩笑。距離中央火車站僅1分鐘車程的西區（Zürich West），曾經是骯髒落後的工業活動範圍，放眼望去只有荒廢已久的工廠，一棟棟挑高的鐵皮屋，及雜亂的火車鐵軌。後來，在經過政府的整頓之下，注入一股嶄新的生命力，展現出蘇黎世活躍的新氣象。

　　走在西區的街頭，隱約能從斑駁的磚瓦廠房看到昔日的身影，不過這裡轉變卻是如此地迅速，並且還持續地發展當中。如今，瑞士最高的摩天大樓Prime Tower坐鎮於此，由造船廠及舊工廠改造的夜店及餐廳，更是不計其數。最重要的一點，西區並不是完全地更新，而是保留原本的建築體重新包裝，規劃成不同的活動空間，因此仍然能體驗到西區舊有的文化特色。

用貨櫃搭建而成的星期五包店家

西區舊廠房外牆的塗鴉

曾經是造船工廠的Schiffbau

蘇黎世西區
交通：自中央火車站地下樓層，搭乘S-Bahn火車到Hardbrücke這站下車，車程約2分鐘，再步行前往各景點

巧克力電車的另類體驗

　　自西元1882年起，藍白相間的電車便開始在蘇黎世地區運行，便利的交通網絡串聯起每一處角落，稱得上是蘇黎世的街頭特色之一。蘇黎世每年都會推出幾款不同的電車活動，包括每年10月底～11月初的巧克力電車（Schoggi Tram）、聖誕節前夕的聖誕電車、冬季的起士鍋電車、餐前酒電車及壽司電車等等，讓遊客能夠搭電車欣賞街景的同時，一邊享用美食，結合美景與佳餚的雙重享受。

　　這款巧克力電車和知名的巧克力老店Honold所合作，在30分鐘的車程中，提供乘客一杯熱可可、一塊蛋糕和好幾款美味的巧克力任你挑選。這樣的下午茶饗宴，一個人才收費20瑞郎，絕對是特殊的經驗。如果錯過了巧克力電車的活動期間，大家其實也可以直接到店家品嚐，或是買些伴手禮帶回家，還是能享用到香醇濃郁的巧克力。

造型復古的巧克力電車

服務生會端著巧克力讓乘客隨意挑選

Confiserie Honold
巧克力電車預訂網址：http://www.honold.ch/
地址：Rennweg 53,8001 Zürich
搭車地點：Bellevue廣場旁，靠近歌劇院廣場前的那一側
蘇黎世其他電車活動資訊，請查詢官網
https://www.stadt-zuerich.ch/

各種不同口味的巧克力

這裡的spa能達到舒坦放鬆的效果／照片由溫泉中心提供

簡單又不失奢華的氛圍／照片由溫泉中心提供

瑞士「溫」泉的概念

跟其他歐洲國家差不多，瑞士溫泉的水溫既不冷也不會太熱，更沒有嗆鼻的硫磺味，頗像是泡在溫水游泳池的感覺。如果是單純泡游泳池的話，那倒也沒有什麼意義。瑞士溫泉偏向水療的功能，在池子內設計水流衝擊人體的各部位，來達到血液循環及按摩的效果，結合醫療方面的療效。

泡溫泉還能同時飽覽蘇黎世的美景／照片由溫泉中心提供

Thermalbad & Spa Zürich溫泉水療中心

　　位於蘇黎世的這間溫泉中心，由百年的老屋所改建而成，內部寬敞的空間區隔成不同
功能的浴池。以木板和石塊做為裝飾的古羅馬洞穴池，整體呈現出簡約的感覺，泡在如
此古色古香的水池裡，讓每一寸肌膚跟著水流的波動遊走，能達到很放鬆的舒坦境界；
來到隔壁燈光昏暗的冷水池，則營造出低沉寧靜的氛圍，舒適的環境喚醒愉悅的身心狀
態。

　　泡完了室內池，來到溫泉中心的頂樓，那才叫真正的享受和驚豔。頂樓偌大的露天浴
池，不但能讓水流刺激到全身上下的穴道，還能同時環顧蘇黎世市區的景色，是兼具感
官和視覺的雙重享受。尤其入夜之後，溫水昇華到冷空氣中形成迷濛的霧氣，更激發出
浪漫的風味。不管是哪一池，都非常講究自然美學和奢華間的平衡點，能讓你達到徹底
放鬆的效果。

照片由溫泉中心提供

Thermalbad & Spa Zürich
地址：Brandschenkestrasse 150, 8002 Zürich
電話：+41（0）44 205 9650
交通：自蘇黎世中央火車站搭乘S-Bahn火車到Enge這一站
　　　（車程約5分鐘），再步行約5分鐘即可抵達
網址：http://www.thermalbad-zuerich.ch/
時間：9:00～22:00
費用：成人42CHF、7～14歲兒童22CHF、4～6歲兒童
　　　14CHF、3歲以下免費

琳瑯滿目的伴手禮

Freitag 星期五包

　　星期五包最初的設計理念，結合了資源回收和實用性的特點，因此採用卡車帆布為材質，以輪胎的內胎及安全帶做為背帶，這樣一來兼具了防水及耐用的功能，而且獨特的手工剪裁製作方式，每款包包的圖案及顏色都不一樣，不會跟別人撞包，是非常有特色的流行商品。

星期五包總店（位於蘇黎世西區）
地址：Geroldstrasse 17, 8005 Zürich
交通：自蘇黎世中央火車站搭乘S-Bahn火車到Hardbrücke這站，再步行約5分鐘
時間：週一～五11:00～19:00、週六11:00～17:00
費用：包包的平均價位約150～300CHF左右

款式設計獨特的星期五包

Bally的皮製鑰匙圈

Bally皮件

　　擁有超過百年歷史的Bally皮件，不論是衣服、鞋子、皮夾或背包，都是走低調沉穩的風格，從它精密的製造過程就能看出瑞士人嚴謹的態度，所以產品都相當具有質感。除了皮件之外，如鑰匙圈、零錢包等小飾品也很受歡迎。

香濃可口的Sbrinz起士

瑞士風味起士：Sbrinz

　　瑞士以盛產起士聞名，這一款Sbrinz向來是我的最愛，切片來吃的時候不會有強烈的味道，而且還在唇齒間散發出濃郁的乳香，即使平常不愛吃起士的人都覺得好吃，在瑞士的超市內就能買到。價格一包5CHF（約台幣185塊）。

巧克力產品

　　大家一提到巧克力，就會直接聯想到瑞士，巧克力的品質和種類總是讓人目不暇給，不管是自己吃或買來送人，巧克力產品絕對是最佳的伴手禮。知名的品牌包括班霍夫大道上的Merkur、Sprüngli，這些店家的價位比較高，一般超市內販售的盒裝巧克力如瑞士蓮（Lindt）、Cailler也都是不錯的選擇。

各式各樣的巧克力是不錯的伴手禮

3天2夜的湖光山色路線規劃

Day 1

機場 ▶（火車）中央火車站 ▶（步行）班霍夫大道 ▶（步行）林登霍夫 ▶（步行）蘇黎世湖+搭船遊湖

　　抵達蘇黎世後，先將行李寄放在旅館或是火車站的寄物櫃，隨即沿著班霍夫大道走到湖邊，途中有不少百貨公司及精品名店，精美的街景是體驗蘇黎世最直接的方式。到了林登霍夫及蘇黎世湖，從繁華的商業區轉變為寧靜的悠閒氛圍，並可從湖邊搭乘渡輪，欣賞瑞士的湖光山色。

蘇黎世最繁華的班霍夫大道

利馬河上的渡輪

Day 2

（火車）溫泉中心 ▶（火車＋步行）
Polybahn ▶（纜車）蘇黎世大學 ▶（步
行）舊城區 ▶（火車）蘇黎世西區

　早上用完早餐後，前往溫泉中心泡溫
泉，讓身體徹底的放鬆。中午左右，搭
乘小纜車前往山腰上的蘇黎世大學，不
妨考慮在學校的餐廳內吃午餐。休息片
刻過後，在舊城區散步逛街，登上大教
堂的塔頂鳥瞰整個市區的風景，傍晚左
右再到西區看看蘇黎世的另類風貌，這
一區有不少特色餐廳。

蘇黎世中央火車站

Day 3

（火車）萊茵河瀑布 ▶（火車）夏夫豪
森 ▶（火車）蘇黎世中央火車站 ▶（火
車或飛機）離開

　今天主要的行程為蘇黎世郊區，選
擇搭火車前往Schloss Laufen，欣賞歐
洲最大的萊茵瀑布（Rheinfall），遊客
們可以搭乘小船到瀑布中央的岩石，
體驗大自然的鬼斧神工，接下來到附
近的夏夫豪森（Schaffhausen）市區
逛逛，再搭車回蘇黎世準備離開。

萊茵河瀑布

維也納
Vienna
人文薈萃的音樂之都

- 基本語言：德語
- 通用貨幣：歐元
- 城市人口：約172萬人
- 推薦指數：★★★★
- 交通方式：華航（台北直飛，約13小時），
  長榮（台北直飛，約13小時）

舊城裡的馬車

曾經看過電影《愛在黎明破曉時》的人，想必一定會被劇中男女主角在旅途中所邂逅的愛情故事所深深感動。沒錯，這一幕幕扣人心弦的浪漫場景就是發生在維也納。音樂之都維也納，是美麗又具有文化內涵的都會代表，她雍容華麗的市容，正是展現過去富裕繁榮的最佳指標，漫步在市區的石板街道上，總是能感受到沾染了藝術氣息。遊客們可以在這裡欣賞到精采絕倫的音樂劇、吃到傳統的美食佳餚，更能從古色古香的舊城裡，發掘出珍貴的歷史資產。現在我們就趕緊來去認識維也納吧！

奧地利‧**維也納**

【從機場前往市區的交通圖解】：
1. 從機場領完行李後，依循著標誌牌走出去，就會走到地下火車站。
2. 每天5:18～23:39之間，有火車往來機場和市區（Wien Mitte）。搭乘普通火車或是機場快線（CAT）前往市區，普通火車約半小時要價4.3€、CAT 16分鐘只需要14.9€（來回票24.9€，若是持有維也納卡單程則是8€）。14歲以下兒童免費。

【維也納市區的交通票券】：
https://www.wienerlinien.at/
維也納市區的交通工具，包括地鐵、路面電車、市區火車、及公車。市區的單程票為2.4€，90分鐘內有效，在各地鐵站的入口處可以購買，搭地鐵前得先在藍色的機器打票，票券上會印有打票的時間。搭乘路面電車或公車的話，則是在車上的機器投幣購票（不收紙鈔），打票機也是在車上。
這些市區的票券，也可以在各車站或是60天前上網購買（https://shop.wienerlinien.at/），旅客在時間內能無限次搭乘大眾交通工具；24小時的交通券為8€、48小時為14.1€、72小時為17.1€，計算的時間以打票開始算起。

維也納機場的行李轉盤　　　　　　　機場旁邊的地下火車站Flughafen Wien

火車站內的自動售票機　　　　　　　火車時刻的電子看板

維也納的發展

　　大約在西元5百年前，維也納只是多瑙河畔沿岸的小村落。後來，羅馬帝國看中它優越的地理位置，於是在此建造一處稱為Vindobona的軍事要塞，為往後的城市發展奠定了根基。到中世紀的時候，統治奧地利的哈布斯堡王朝（Habsburg）選擇這裡做為帝國的首都，興隆鼎盛的王朝順勢地帶動維也納的發展，將其改造成歐洲首屈一指的城市，她千絲萬縷的風采更流露著一股典雅輝煌的皇室格調。

造型奇特的維也納藝術館

新市政廳 Neues Rathaus

宮廷劇院 Burgtheater

Teinfaltstraße

Herrengasse
地鐵站

Herrengasse

國會大廈 Parlament

人民公園 Volksgarten

霍夫堡 Hofburg

環城大道

科馬克街 Kohlmarkt

格拉本大道 Graben

Stephansplatz
地鐵站

Figlmüller 店家

史蒂芬大教堂 Stephansdom

卡爾特那街 Kärntner Straße

Johannesgasse

環城大道

薩荷旅館 Hotel Sacher

國家歌劇院 Staatsoper

Karlsplatz 地鐵站

環城大道

Vienna

200 m

嚴格說來，維也納開始穩定地擴建是在17世紀以後，當時巴洛克式的樓房和城堡宮殿如雨後春筍般地浮現在市區各角落。有這些美輪美奐建築物的加持下，維也納蛻變成中歐一帶的藝術及文化中心，吸引了各地的音樂家和文學家匯聚於此，包括出生於本地的舒伯特（Schubert）、貝多芬（Beethoven）、莫札特（Mozart）等人。如此繽紛又多元的文藝風情，成功地將維也納推上歐洲的頂尖城市之林。

或許是長久以來在音樂環境的耳濡目染薰陶下，維也納的犯罪率一直很低，因此營造出優質的生活水平。在過去幾年，維也納都被評選為世界上最適合人們居住城市的第一名，這絕對是實至名歸的殊榮。

充滿文藝氣息的舊城區

維也納的精華景點主要分佈在舊城裡，而所謂的舊城區，就是被環形大道包圍的範圍之內。造訪這一區的景點，大家並不需要搭乘任何交通工具，以輕鬆徒步的方式來參觀就可以了。

國會大廈前方的噴泉雕像

環城大道周圍

　　環城大道的遺址原本是維也納的舊城牆所在地。在西元1857年時，奧地利國王法蘭茲・約瑟夫一世（Franz Joseph I）決定改革市容，於是下令拆除舊城牆，並填平外圍的護城河，將其改建成一條寬敞的環城大道，藉以誇炫帝國的強盛。當時的貴族也紛紛跟隨著腳步，在大道的兩旁興建起一棟棟豪華古典的樓房，因此環城大道猶如一座戶外博物館，林立著各式各樣19世紀的懷舊景致。

　　現今的環城大道，是由Stubenring、Parkring、Schubertring、Kärntner Ring、Opernring、Burgring、Doktor-Karl-Renner-Ring、Universitätsring、Schottenring這些路所組成的C狀單行道，不知道你有沒有察覺以上的每段路名都是以「環」（ring）字來結尾，所以各位一看到地圖就能清楚地知道哪幾條路是屬於環城大道了。由於環城大道兩旁有許多重要景點，因此沿著大道一路散步過去，就能將這些美不勝收的景點一網打盡。

建議參觀路線：

　　新市政廳（Neues Rathaus）→宮廷劇院（Burgtheater）→國會大廈（Parlament）→人民公園（Volksgarten）→霍夫堡（Hofburg）→國家歌劇院（Staatsoper）

新市政廳

　　新市政廳（Neues Rathaus）是維也納重要的地標之一，其外觀為典型的新哥德式建築，正面鐘塔的頂端有座手持長矛的騎士雕像，被視為守護城市的象徵，這棟樓房目前做為市長的辦公室及國家的檔案收藏使用。從市政廳到環城大道的廣場上，經常會舉辦各種慶典活動，包括夏季電影節、演唱會及聖誕市集等等，是維也納最熱鬧的戶外活動場地。

環城大道及兩旁古典的樓房

國會大廈

人民公園的標示牌

宮廷劇院

和新市政廳隔著環城大道相望的宮廷劇院（Burgtheater），是19世紀時修建之後的產物。它外觀完美對稱的半圓形古典結構，是標準的文藝復興式建築風格。這間劇院號稱是德語戲劇界的最高殿堂，能夠獲邀在此演出的演員都是至高的殊榮。

國會大廈

建於19世紀的國會大廈（Parlament），目前是奧地利眾議院的所在地。主樓正面的科林特式廊柱（Corinthian）頂端如盛開的花卉一般，是採用仿古希臘的建築風格，三角屋簷上的浮雕，則描繪著奧地利國王法蘭茲‧約瑟夫一世頒布憲法給國內各民族的情況。

至於大樓前方矗立的雕像，從女性的外貌和手持戰戟的模樣，就不難猜出她是希臘雅典娜女神。她雕像底部基座的噴泉雕像，則代表了奧地利境內四大河流的河神，分別是萊茵河、多瑙河、易北河及摩爾多瓦河。

人民公園

在國會大廈正對面和霍夫堡之間的綠地，就是人民公園（Volksgarten）。這座建於西元1820年的公園雖然規模不算大，可是裡頭規劃了精美的噴泉、教堂，寧謐的環境更添增詳和浪漫的悠閒氛圍。每逢夏天到了花團錦簇的季節，民眾們三三兩兩聚集在此享受輕鬆的時光，甚至還會攜帶狗兒一同來散步呢。

聖史蒂芬大教堂

國家歌劇院
網址：http://www.wiener-staatsoper.at
地址：Opernring 2
交通：搭乘地鐵U1、U2、U4線，在
Karlsplatz站下車

聖史蒂芬大教堂
網址：http://www.stephansdom.at
地址：Stephansplatz 1
交通：可搭乘地鐵U1、U3線，在
Stephansplatz站下車，出站即可看到
時間：週一～六9:00～11:30、13:00～
16:30；週日和公休日13:00～16:30
價位：教堂免費進入參觀、地下墓穴
／北塔：6€、南塔5.5€

霍夫堡

　　座落於舊城區的霍夫堡（Hofburg），是奧地利哈布斯堡王朝的皇宮之一（另一處為美泉宮）。由於歷任的國王都不斷地進行擴建，因此皇宮可以說是維也納數百年來的歷史做了最佳的見證。現今，皇宮內部規劃成多間博物館對外開放，包括國立圖書館、各類樂器及武器展示館、西西皇后博物館（Sisi Museum）及哈布斯堡王朝的珍藏寶物等等。

國家歌劇院

　　當年環城大道進行改建之後，國家歌劇院（Staatsoper）是第一棟落成的近代建築物，並在西元1869年以莫札特的《唐·喬凡尼》（Don Giovanni）風光地揭開序幕，為目前歐洲最具有份量的歌劇院之一。若是來到維也納，歌劇院外頭就有很多身穿古裝的工作人員，招攬旅客去聽音樂演奏會或是歌劇，你可以到了當地詢問比價之後（有殺價空間），再依照個人的時間及喜好做決定就好。縱然你沒有興趣欣賞這類文藝的演出，純粹參觀歌劇院它文藝復興式的唯美樓房，也是會讓人回味無窮。

聖史蒂芬大教堂的琉璃屋頂

現代化的哈斯大樓

Do&Co Hotel旅館頂樓酒吧的景觀

聖史蒂芬大教堂內部

非看不可的聖史蒂芬大教堂

如果有人問我，維也納舊城裡最顯著的地標是什麼？我會毫不考慮地回答「聖史蒂芬大教堂」（Stephansdom）。仔細算一算，這座建於西元1147年的聖史蒂芬大教堂已經有8百多年的歷史，陪伴維也納數百年來的興衰演變。

聖史蒂芬大教堂原本是一座羅馬式的教堂，不過後來在14世紀又增建了137公尺的南塔，其直指天際的獨特外型，便是融合了當時哥德式的建築風格，是鳥瞰維也納市區景觀的絕佳地點。教堂屋頂上的琉璃磚瓦，隨著傾斜的角度呈現出幾何圖樣的紋路，為教堂外觀的另一處特色。

如果你想從不同的角度來欣賞大教堂，我倒是有一處私房景點介紹給大家，那就是教堂斜對面的哈斯大樓（Hass Haus）。這棟現代化的建築物，正面是整片的玻璃帷幕搭配灰色系的外觀，呈現出冰冷極致的摩登風味，跟古樸的教堂呈現出強烈的對比。大樓內是一家四星級的Do&Co Hotel旅館，其頂樓的餐廳和酒吧便是欣賞教堂的好地點之一。來到餐廳坐下來喝杯咖啡，便能發現教堂就呈現在你的眼前囉！

三位一體紀念碑

非常有歐洲風情的老街

血拚逛街去

格拉本大道（Graben）+卡爾特那街（Kärntner Straße）+科瑪克街（Kohlmarkt）

　　若是你覺得參觀教堂顯得太沉重的話，那麼轉個彎就是讓人精神振奮的格拉本大道了。以這條行人徒步街為中心擴散出去的周圍，包括卡爾特那（Kärntner Straße）和科瑪克街（Kohlmarkt），是維也納血拚購物的熱門商圈，不論是琳瑯滿目的精品商店，還是五花八門的咖啡廳，都洋溢著濃濃的歐洲風情呢！

　　這幾條有數百年歷史的老街，熱門的程度可說是不分軒輊。格拉本大道是由昔日的護城河改建而成，自古以來就是市集攤販聚集的商場所在地。如今，街道的兩旁除了商店之外，摩肩接踵的逛街民眾和佇足路上表演的街頭藝人，更是為城市添增了歡樂的氣氛。

　　位在格拉本大道的中央，有座巴洛克風格的「三位一體紀念碑」（Pestsäule），碑上的雕像描繪著天使對抗病魔的模樣，這是為了紀念西元17世紀時，當時鼠疫在整個城市蔓延並奪取了許多人們生命的慘況。

老街上有許多路邊攤小吃

卡爾特那街是血拚的好去處

色彩繽紛的百水公寓

宛如童話世界的百水公寓

百水先生

　　本名為 Friedrich Stowasser 的百水先生，出生於維也納的一個猶太家庭。他從小便喜歡無拘無束的生活，追求與大自然融合為一的環境，這樣的思維也直接呈現在往後的作品之中。他覺得水是萬物生命的泉源，因此取名為「Hundertwasser」，中文直接翻譯過來是百水的意思，這便是大家稱他為百水先生的由來。

　　學生時代，百水先生僅短暫地在維也納藝術學院修習3個月，之後便輟學遊走世界各地。雖然沒有完整地接受正規的藝術課程，可是他無師自通，將自然界的一草一木轉化成靈感來源，創造出令人讚賞的瑰麗世界，成為文藝界的一代巨匠。以畫作和建築聞名於世的百水，認為「彎曲的線條才屬於自然」，和一般傳統觀念的直線設計背道而馳，繽紛華麗的色彩和非筆直的線條，便成了他作品的最大特徵。

百水公寓對面的百水村

百水公寓

　　來到百水先生的故鄉維也納，當然不能錯過參觀他的作品。興建於西元1983年的百水公寓（Hundertwasser Haus），是維也納市政府力邀百水先生設計的傑作，前後僅僅花了3年的時間便完工。這棟造型突兀的公寓大樓，外觀披著五花八門的彩繪圖樣，雖然乍看之下有點雜亂不羈，卻展現出百水先生風格的經典之作。

　　公寓的樓下，由一根根奇形異狀的柱子支撐著，每根的大小顏色不一，有嬌豔的紫色、火熱的紅色、悠然的藍色、前衛的銀白等多元化的拼湊組合。不僅是柱子，連地面也呈現顛簸起伏的波浪狀，和整棟樓房融為一體。不論是廊柱還是地面，這些歪七扭八又呈現不規則的幾何圖樣，確實讓人看得眼花撩亂，彷彿有種來到外星人公寓的錯覺！可惜這棟公寓是一般民眾的住家，並沒有開放給觀光客進入一窺究竟。

　　不過沒關係，就在百水公寓的對面，有另一棟名為百水村的商圈開放給大眾參觀。原本我以為這裡面只是賣紀念品的商店，沒想到一走進來，內部繽紛可愛的模樣，簡直就像是跨進了幻想中的童話世界，立即讓我迷失在這夢幻的小天地裡。原來，維也納政府特地在這裡面仿造百水先生的建築風格，讓觀光客們體驗一下百水公寓的內部情景。

百水公寓

網址：http://www.hundertwasser-village.com
地址：Kegelgasse 37～39, A 1030 Wien
交通：搭乘1號路面電車，在Hetzgasse站下車，再步行約2分鐘
價位：百水公寓為一般住家，不對外開放。對面的百水村商圈免費進入參觀

非直線狀的柱子

百水村內有許多紀念品商店

親子同樂的普拉特公園

　　佔地廣闊的普拉特公園（Prater），原本是隸屬於哈布斯堡王朝狩獵的森林區，不過在西元1766年起開放給一般民眾使用，從此開始便成為當地居民熱門的休閒場所。來到這公園之前，我心想這裡充其量跟其他的公園沒有兩樣，沒想到自己居然花了大半天的時間在這公園內，倒是讓我始料未及。

　　搭乘電車來到公園後，乍看之下是一處長滿樹木的茂盛森林區，可是仔細一聽，卻不時傳來高分貝的尖叫呼喊聲，循著聲音的方向走過去，我才發現原來是公園裡的遊樂園區。這個遊樂園區的設施，從刺激的雲霄飛車到輕鬆的旋轉木馬或摩天輪皆有，而且採取單項付費的方式，所以看到想玩的再付費即可，不需要購買門票進場。如果你是全家一起出遊，普拉特公園絕對是親子同樂的好去處。

普拉特公園
網址：http://www.prater.at/
交通：搭乘5號路面電車，在Praterstern站下車，再步行約5分鐘
價位：免費進入參觀，每項遊樂設施約3～8€

普拉特公園的入口處

摩天輪是維也納的地標之一

親子同樂的遊樂園

美泉宮外觀

富麗堂皇的美泉宮

　　位於維也納近郊十幾公里處的美泉宮（Schloss Schönbrunn），原本是一處狩獵及避暑的行宮。在15世紀時，哈布斯堡王朝的馬蒂亞斯（Matthias）來此打獵，意外發現一座清涼甘甜的泉水，於是稱它為「美泉」（Schönbrunn），這就是美泉宮名稱的由來。

　　美泉宮於1696年正式動工擴建，由當時的皇帝里歐波德一世（Leoplod I）委任建築師（Johann Bernhard Fischer von Erlach）所設計，融合富麗堂皇的宮殿、古典優雅的庭園造景，以及廣闊的森林地，我覺得它宏偉磅礡的氣勢絕對可以媲美法國的凡爾賽宮。美泉宮裡裡外外盡顯奢華的宮廷建築風格，成為當時王族們津津樂道的議題。據說，當時年僅6歲的莫札特，曾經在此為女皇表演而大受讚賞，因有音樂神童的封號。

花園及森林佔地廣大的美泉宮

買票進入美泉宮，仔細地參觀每間廳堂各有不同的風格，從美輪美奐的華麗裝飾看來，不論是精美細緻的雕樑畫棟，還是內部典雅的家具陳設，都可以遙想當年帝國興盛的繁華榮景。可惜這座宮殿裡的房間全面禁止拍照，所以遊客們只能把握當下努力地欣賞每一處角落，遙想古代貴族們的生活情景。

美泉宮

網址：http://www.schoenbrunn.at/
地址：Schönbrunner Schlossstrasse 47, 1130 Vienna, Austria
時間：宮殿9:30～17:00，花園6:30～20:00（月份不同，休園時間不同），至少要花半天的時間參觀
經典通票：成人34€、兒童27€，6歲以下免費
交通：自市區搭乘地鐵U4線，在Schönbrunn站下車，再循指標步行約10分鐘

Schönbrunn地鐵站

美泉宮裡的遊園列車

垂涎三尺的維也納美食

維也納炸小牛排

　　維也納炸小牛排（Wiener Schnitzel），是來到維也納不能錯過的美食之一。出門之前，我必定做的功課就是搜尋哪裡有好吃的餐廳，尤其是聞名遐邇的維也納炸肉排，更是我盼望許久的美食，當然把它列為非吃不可的餐點。奧地利許多餐廳皆會提供維也納炸小牛排這道傳統菜餚，不過口味卻參差不齊，某些餐廳還以價位較便宜的豬肉或是雞肉來取代，這樣是不道地的做法。

　　維也納Figlmüller這家百年字號老店，差不多已經成為觀光客必定要來朝聖的景點。來這家餐廳之前，最好事先打電話或是上網訂位，否則用餐時間真的一位難求。原本我們並沒有訂位，是無意間經過這家餐廳，心想既然人都在這邊了，又剛好是中午用餐的時間，就來碰運氣看看吧！結果來到餐廳後，服務生環顧餐廳片刻便說有位置，並帶領我們到座位上。沒想到才坐下來沒幾分鐘，服務生就向其他走進門的顧客說晚點再來，或是去另一家分店碰運氣看看。我們還真是幸運呢！

　　炸小牛排有多大呢？說來也許你不相信，這塊肉比我們的臉還要大許多，當食物端上桌時，我才發現遠遠超出盤子的大小，香酥鮮嫩的口感更不在話下。如果你擔心吃不完的話，沒關係，可以兩個人共同分享一塊肉，或是打包回家喔。

比盤子還大的炸小牛排

Figlmüller店家位在大教堂旁的小巷子內

用餐時間總是座無虛席

維也納炸小牛排
網址：http://www.figlmueller.at/
地址：本店 Figlmüller Wollzeile 5、分店 Figlmüller Bäckerstraße 6
交通：自聖史蒂芬教堂步行約3分鐘
時間：本店每天11:00～22:30、分店每天11:30～22:00
電話：本店 01 512 6177、分店 01 512 1760
價位：招牌菜Figlmüller Schnitzel是15.5€、沙拉4～5€

薩荷蛋糕

薩荷蛋糕

　　來到維也納另一項必吃的招牌美食，那就是薩荷蛋糕（Sachertorte）。西元1832年，當時奧地利的外交部長：普林斯·梅特涅（Prince Metternich）下令餐廳研發出一道別具匠心的甜點，想要款待來訪的貴賓們。很不巧地，宴會當天主廚竟然生病了，於是準備甜點的重擔全落在年僅16歲的學徒：法蘭茲·薩荷身上。當天，他做出一款散發核桃味的巧克力蛋糕，酸甜中又帶著鬆軟的口感，意外地深受大家的讚賞，這就是薩荷蛋糕的由來，如今它成為來到維也納必吃的食物之一。

　　若是要品嚐薩荷蛋糕，位在國家歌劇院後方的薩荷旅館（Hotel Sacher）一樓咖啡廳，則提供最傳統又道地的風味。這間咖啡廳用富麗堂皇來形容一點都不為過，自天花板垂降而下的華麗水晶吊燈、覆著金框的復古畫作、鋪著暗紅色的絨布座椅，每一角落都裝潢的像古代宮廷一樣。光是看這餐廳的裝潢和排場，我就猜想這裡的蛋糕一定不便宜。仔細一看，店裡幾乎全是來朝聖的觀光客，大家果然都是慕名而來。

　　薩荷蛋糕的外層覆著厚厚的巧克力，並搭配奶油一起食用，光是看到如此垂涎欲滴的可口模樣，相信大家都會把減肥拋諸腦後。我會建議點杯香濃的咖啡一起佐用，這樣更能突顯出蛋糕的特色。我覺得跟歐洲其他的甜點一樣，對我們來說有點過於甜膩，吃一塊差不多已經是極限了。

> **薩荷蛋糕**
> **地址**：Philharmonikerstraße 4, Wien
> **交通**：搭乘地鐵U1、U2、U4在Karlsplatz站下車，
> 再走往歌劇院的方向，約2分鐘
> **時間**：每天8:00～22:00
> **網址**：http://www.sacher.com/

薩荷咖啡廳

薩荷旅館外觀

好吃+好逛的中央市集

　　「中央市集」（Naschmarkt）聽起來，似乎比較像是主婦們買菜的菜市場，不過來到維也納的中央市集肯定會讓你大開眼界，因為這裡除了琳瑯滿目的攤位之外，一間間比鄰的露天餐廳，彷彿是一處規劃完善的戶外美食街！

　　這個市場自西元16世紀就存在，原本只是單純地販賣牛奶等簡單的農製品，後來陸續增加生鮮蔬果、肉類及其他雜貨的銷售，演變成維也納當地最熱門的市集。每逢周六的時候，市集的尾端還增設了二手商品的跳蚤市場區，有許多古董家具、餐盤、畫作、書籍，想來挖寶的人不妨來這裡逛逛，也許會有意想不到的收穫。

露天餐廳林立的中央市集

週六的跳蚤市場

各種不同的果汁及調酒

五顏六色的水果乾

中央市集
地址：Wienzeile
交　通：搭乘地鐵U1、U2、U4線在
Karlsplatz站下車，再步行約5分鐘
時間：週一至週五6:00～21:00、週六至
18:00，跳蚤市場只有週六6:30～15:00

3天2夜的重點路線規劃

Day 1

（電車）百水公寓 ▶（電車+步行）聖史蒂芬大教堂 ▶（步行）Figlmüller餐廳 ▶（步行）舊城區 ▶ 格拉本大道（Graben）+卡爾特那街（Kärntner Straße）

國會大廈

　　早上搭乘電車前往參觀百水公寓，接著搭電車返回舊城區，前往聖史蒂芬大教堂。中午可以選擇在教堂旁邊巷子內的Figlmüller餐廳吃午餐，下午留在舊城區一帶逛街血拚，度過輕鬆寫意的一天。

Day 2

（地鐵）環城大道 ▶（步行）新市政廳 ▶（步行）宮廷劇院 ▶（步行）國會大廈 ▶（步行）人民公園 ▶（步行）薩荷旅館 ▶（步行）國家歌劇院 ▶（步行）中央市集

　　今天的行程主要是位於環城大道上的景點，由於這些景點都很集中，皆可以用步行的方式抵達。途中可以前往薩荷旅館的咖啡廳，品嚐維也納著名的甜點：薩荷蛋糕，接近傍晚時分，再前往中央市場。

人民公園旁的步道

Day 3

（地鐵）美泉宮 ▶（地鐵）普拉特公園 ▶（地鐵）前往火車站或機場

　　一早搭乘地鐵前往郊區的美泉宮，由於美泉宮佔地廣大，需要估計半天以上的時間來參觀。中午休息過後，再搭乘地鐵到普拉特公園，體驗維也納居民平日休憩的場所，結束這天的行程。

中央咖啡館(Café Central)

美泉宮內的雕像

普拉特公園

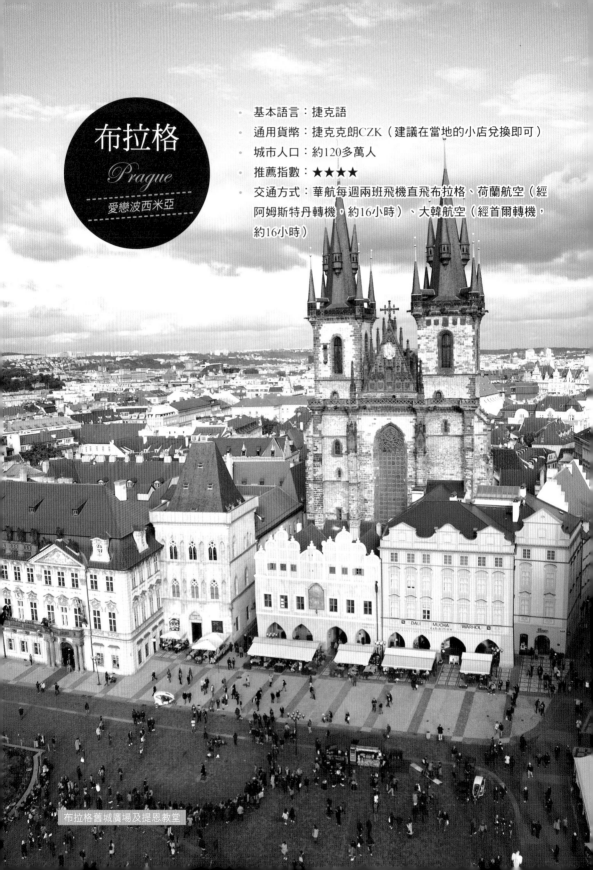

布拉格
Prague
愛戀波西米亞

- 基本語言：捷克語
- 通用貨幣：捷克克朗CZK（建議在當地的小店兌換即可）
- 城市人口：約120多萬人
- 推薦指數：★★★★
- 交通方式：華航每週兩班飛機直飛布拉格、荷蘭航空（經阿姆斯特丹轉機，約16小時）、大韓航空（經首爾轉機，約16小時）

布拉格舊城廣場及提恩教堂

　　在西元前2百年左右，一支被古羅馬人打敗的波希（Boii）部族逃離義大利北部，翻山越嶺來到了今日的捷克森林區一帶定居下來，他們稱這裡為波西米亞（Bohemia），意指「波希人的家園」。後來，日耳曼人及斯拉夫人又相繼遷居於此，這幾支民族融合在一起後形成捷克人的祖先，便是我們所稱的波西米亞人。

　　90年代初期，捷克脫離共產鐵幕的體系，投向西方民主國家的懷抱。根據當地友人的回憶，那時捷克的物價比現在便宜許多，市區裡非但觀光客的蹤影寥寥無幾，街上也幾乎沒有太多可以血拚的商店，依稀瀰漫著專制體系下的保守風氣。可是這20年來，隨著遊客的增加及經濟的發展，喚醒了沉睡已久的布拉格，如今街上古典雅致的建築此起彼落，城內處處林立著高價位的精品名店，讓人驚豔的景色理所當然地成為炙手可熱的旅遊景點。

布拉格機場內

機場外的公車站

布拉格的地鐵

捷克・**布拉格**

【從機場前往市區的交通圖解】：
 1.提領完行李（出關）之後，可以在機場兌換一些克朗
 2.跟著指標來到機場外的公車站牌，搭乘公車100號到地鐵B線的Zličнn地鐵站（每15分鐘一班車），或是搭乘公車119號到地鐵A線的Dejvick6站（每7～20分鐘一班車）。從機場到市區，總共約1個小時的時間。
 3.轉搭地鐵前往市區，這樣比較不會塞車

【布拉格市區的交通票券】：http://www.dpp.cz/en/
　　布拉格的景點幾乎都集中在舊城區，基本上步行能前往大多數的景點。市區裡主要分為地鐵、公車與路面電車3種交通工具，在地鐵站入口和公車站牌旁邊會有自動售票機（記得先兌換零錢）。搭地鐵時，在下手扶梯前會看到一台黃色的機器，記得要先去機器打票（公車及電車的打票機器在車上），否則視同逃票。如果是搭乘公車轉地鐵，只需要在上公車時打票即可，直接進出地鐵站就好了。
　　單趟的交通票券，主要分為30分鐘和90分鐘的票兩種；前者的票為30 CZK（6～15歲兒童半價），後者的票價為40CZK（6～15歲兒童半價），6歲以下的兒童免費。另外也有24小時的一日券，票價為120CZK（6～15歲兒童半價）。

初見布拉格的印象

夏日的布拉格，空氣中飄盪著喧囂熱鬧的氛圍，她帶給我的第一印象是滿街人山人海的觀光客，處處充滿活力卻沒有壓力。我心想如此曼妙的城市絕對不輸給名氣響亮的巴黎，最重要的是，在這兒你不會感受到繁忙都會裡那份緊湊的壓迫感。伴隨著夕陽的餘暉，橘黃色的陽光灑落在城裡的石板巷弄間，我偷偷瞧著周邊一對對比肩走在一塊的旅人們，看得出來大家的臉上都沉醉在布拉格的甜蜜滋味中。

舊城裡路邊的酒吧

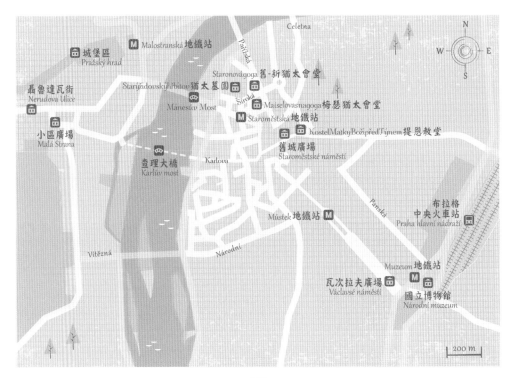

布拉格市區精美的房屋

見證歷史的查理大橋

　　布拉格最具象徵性的地標就是「查理大橋」（Karlův most），這座橋樑在數百年來多次遭受洪水的摧毀一再進行修復，又見證了當地諸多的歷史事件，就像是德高望重的多朝元老一樣，具有相當份量的權威性。原本人們稱這座古橋為「石橋」，後來在西元1357年，國王查理四世（Karlův IV）下令建造一座新橋，用以取代被河水所沖毀的舊橋，這就是今日查理大橋的由來。

　　橫越伏爾塔瓦河（Vltava）的查理大橋寬約10公尺、長500公尺，是古代連繫舊城區（Staré Město）和小城區（Malá Strana）惟一的途徑。當年建造時為了防範洪水侵蝕的建築構思，於是在橋墩的部份特別做了強化工程，橋底下也採用一扇扇拱形的半圓狀設計，而且採用當地砂岩為主要材料，並在石塊黏合的灰漿中混合了雞蛋的「秘方」，據說這樣都能使橋樑更為堅固。

查理大橋

查理大橋

查理大橋的塔門

查理大橋
交通：搭乘路面電車12、22、23號在
Malostranské náměsti站下車
附註：建議可以從舊城廣場一路散步
過來，橋塔開放時間，夏季10:00～
22:00、冬季10:00～18:00，橋塔的門
票為100 CZK

聖約翰‧內波慕克的雕像

帶來好運的聖約翰‧內波慕克雕像

　　查理大橋的兩端各有一座宏偉的橋塔相互呼應，穿過塔
門來到橋樑上，兩側栩栩如生的巴洛克風格雕像隨即映入眼
簾，其中以聖約翰‧內波慕克（St John of Nepomuk）的雕
像最受歡迎。不過你並不需要特地去尋找這尊雕像，因為往
最多人群聚集的地方走過去就對了。

　　聖約翰‧內波慕克是14世紀布拉格的大主教，由於他和當
時的國王瓦次拉夫四世（Václavské IV）之間原本就有嫌隙，
再加上國王懷疑皇后對他不忠貞，於是逼迫大主教說出皇后
告解的內容；可是聖約翰‧內波慕克堅守神職人員的本份，
寧死也不透露任何消息，結果就被國王下令丟進伏爾塔瓦河
處死。後來，民眾在河裡遍尋不著他的遺體，只見在河的上方昇起數顆星
星，所以目前在雕像的頂端有一圈星星的光環，就是這樣的由來。

　　可是為什麼觀光客都擠在這裡呢？因為大家除了拍照之外，還要沾點好運
氣。據說，若是觸摸聖約翰‧內波慕克雕像下的銅像浮雕，便能夠帶來好運
或是讓願望成真，因此路過的遊客們才一窩蜂地聚集在此。至於要摸哪個地
方？那處閃閃發亮的部位就是了！

才華洋溢的街頭藝人

　　從橋上往前方望去，查理大橋和矗立在山丘上的布拉格城堡編織成一幅美麗的景觀，彷彿是童話故事的翻版，美的好不真實！除了漂亮的景致之外，查理大橋所散發出來的熱鬧氛圍，更是讓人流連徘徊、捨不得離去。

　　摩肩接踵的觀光客和佇足橋上的街頭藝人，兩者間的互動是查理大橋上的賣點之一。有玩弄布偶戲的老伯伯、拿著吉他自彈自唱的金髮女郎、替遊客畫素描的攤販、玩弄樂器的演奏者，大家好像是來參加一場空前的表演盛宴。你可別小看這些街頭藝人，他們並不是隨隨便便就能在這裡擺設攤位，每一位都是經過審查認證過的「查理大橋藝術家聯盟」成員，各個具有特殊的才藝方能有資格在橋上演出。

　　漫步在石塊砌成的橋面上，身邊揚起裊裊的音樂旋律及演奏聲，路人們紛紛不自覺地放慢腳步，或是靜下心來聆聽每一幕美妙動人的表演，或是拿起相機捕捉眼前觸動心靈的畫面。我相信來到「查理大橋」的遊客們，一定會體驗到布拉格最迷人的魅力。

查理大橋上的街頭藝人

從塔門欣賞查理大橋和布拉格城堡的景觀

非來不可的布拉格城堡區

在雲霧初開的晨曦下，金黃的陽光灑落在整座城堡上，整個區域散發出光輝生機的景象，同時又彰顯城堡高貴尊榮的氣勢；到了夜幕低垂之際，打上燈光的城堡則是瀰漫著一股朦朧低調的美感。因此不管是白天或夜晚，城堡呈現出千變萬化的姿態，彷彿等著大家去揭開她那神秘的面紗。

從查理大橋走往城堡，必須經過餐廳和商店林立的小區廣場（Malá Strana），從廣場上來來往往的人潮和繁忙的電車頻率看來，不難猜出這裡是河岸另一端的精華區。走過聖尼古拉大教堂（Kostel svatého Mikuláše）之後，便是直通城堡的聶魯達瓦街（Nerudova Ulice）。這條街道上目前有許多大使館進駐，因此你會看到沿路的房屋外插滿飛揚的旗幟。

小區廣場

聶魯達瓦街

聶魯達瓦街因順著坡地而稍微有斜度，走起來雖然有那麼一點點吃力，不過你可以盡情欣賞到一間間古意盎然的房舍，房屋外觀的主體建築到裝飾的雕刻等小地方，每處細節皆展現精美又具有特色的傑作。仔細一看，各棟房子的門面都有不同的雕像圖樣，有老鷹、小提琴和天鵝等各式各樣的雕像，在古代還沒有設立門牌號碼前，他們就是靠這些雕像來分辨是哪戶人家。

布拉格城堡區
地址：Pražský hrad
交通：搭乘地鐵A線在Staroměstská站下車，再走約20分鐘；或是從查理大橋沿著聶魯達瓦街（Nerudova Ulice），走約20分鐘即可抵達衛兵交接的大門
網址：http://www.hrad.cz/
時間：9:00～17:00（聖維塔大教堂週日早上不開放、冬季到16:00）
費用：250 CZK（包括聖喬治大殿、聖維特主教座堂、舊皇宮、黃金巷、達利波塔）
加購：150 CZK（聖維特大教堂南側塔樓）
附註：進去城堡區需要排隊安檢，最好預留半天以上的時間參觀.

衛兵交接儀式

精采絕倫的衛兵交接

在進入參觀布拉格城堡前，12點整的大門衛兵交接，是不能錯過的重頭戲之一。縱使衛兵交接於12點才開始，我建議各位最好提前半小時就來卡位，這樣才能搶到拍照的好位置。

在等待衛兵交接的同時，門口站哨的衛兵頓時間成為觀光客們的焦點所在。只見大家輪番站在衛兵旁邊合照，還不時擺出逗趣的表情或姿勢，可是這些訓練有素的衛兵們依然是面無表情地佇立在那兒，絲毫不受旁人所影響，冷酷的他們居然比一旁正賣力演出的街頭藝人還受歡迎呢。

接近12點之前，哨長會先請遊客們退到兩旁，清出走往大門前的一條通路，接著整隊持槍的衛兵昂首闊步地走過來，在門口確實地完成交接儀式的動作才離開。整個過程大約持續不到5分鐘，不過卻是布拉格城堡每天的精采活動之一。

波西米亞王國的核心：
布拉格城堡

布拉格城堡（Pražský Hrad）始建於西元9世紀，自古以來就是國王的官邸及議會國事的行政中心，在過去曾經扮演著波西米亞王國的核心角色，而且城堡的周圍還包括修道院、大教堂及舊皇宮等景點，這片總面積達45公頃的範圍統稱為「城堡區」（Hradčany），可說是布拉格歷史的縮影。

聖維塔大教堂

聖維塔大教堂

　　走進城堡大門、穿過了中庭，迎面而來的龐然建築物便是聖維塔大教堂（Katedrála sv Vita）。這座教堂耗時將近7個世紀才完工，因此融合不同時期的建築風格，不過大致上還是以哥德式為主軸。正面雄偉的雙塔散發出震懾八方的氣勢，搭配圓形的玫瑰花窗和大門周圍精緻的獸像及聖人浮雕，盡顯露了當年細膩的工藝技術。

玩家小抄

要進去參觀布拉格城堡，會經過安檢的程序，所以經常是大排長龍的情況，排隊的時間通常會超過1～2個小時，建議早點去可以避開人潮。

聖維塔大教堂的玫瑰花窗

教堂內的禮拜堂，牆壁上貼滿了金箔與寶石

座落在聖維塔大教堂正後方,是另一間規模比較小的聖喬治教堂(Basilika sv. Jiří),旁邊緊鄰著聖喬治修道院,目前以國家藝廊的型態對外開放。這間教堂始建於西元10世紀,採取仿古羅馬式的建築,不過現今紅磚色的外觀是發生火災後所重新整修的模樣。在教堂入口的最頂端,有一幅聖喬治屠龍的浮雕像,內部除了溼壁畫是參觀的重點之外,挑高的木質天花板和簡約的設計手法,讓人有耳目一新的感覺。

至於位在聖維塔教堂旁邊那一棟淡紫色的建築物,則為舊皇宮(Starý Královsky Palác)的所在地,也就是古代波西米亞國王的住所。老實説,舊皇宮的外觀雖然看起來平淡無奇,可是內部的裝飾依然完善地保存至今,包括雕樑畫棟的寢宮、古意盎然的舊式家具、及氣派非凡的大廳等等,每個角落都讓人看得目眩神馳。尤其是高挑寬敞的瓦拉迪斯拉夫廳(Vladislavský Hall),以精美的拱肋線條作為支撐起整座廳堂的主要架構,自古以來是騎士進行射箭表演及國家舉辦重要活動的場所。

舊皇宮

宛如童話故事場景的黃金巷

懷舊古樸的黃金巷

　　若要推舉城堡區內最受歡迎的景點，我想這頭銜非黃金巷（Zlatá Ulička）莫屬。黃金巷的主要賣點並非在於巷子本身，而是巷子旁那一整排古樸懷舊的小矮房，簡直就是卡通故事裡的場景重現；這些房舍原本是城堡守衛的住所，之後又變成冶金工匠們聚集的地方，所以才會被稱為黃金巷。

　　然而，使黃金巷聲名大噪的真正原因，是由於20世紀初捷克著名文學家「法蘭茲·卡夫卡」（Franz Kafka）曾經居住在這裡的緣故。如今這些比鄰而居的可愛彩色小房屋，已經規劃成販售紀念品的商店，有賣精巧的手工藝品、也有頗具特色的傳統服飾。不過從房子內部陰暗又狹小的空間結構看來，隱約還能嗅出昔日低下階層居民的困苦生活環境。

黃金巷的房屋內部

熱鬧的舊城廣場

熙來攘往的舊城廣場

　　來到布拉格舊城廣場（Staroměstské náměstí）前，或許你的腦海中會從蔡依林「布拉格廣場」這首歌，拼湊出舊城廣場約略的景象，「我就站在布拉格黃昏的廣場，在許願池投下了希望……」，聽起來是多麼詩情畫意的環境啊。不過當各位抵達舊城廣場時，千萬不要覺得太失望，因為你會發現實際上的景觀跟幻想中的完全不一樣，原來根本沒有什麼許願池，廣場中央只矗立著一座胡斯的青銅雕像！

　　胡斯先生（Jan Hus）是捷克宗教改革運動的先驅，由於他對抗羅馬的天主教會，所以被視為異端份子，因而被處以火刑燒死。廣場上的這座雕像就是為了紀念他而豎立的紀念碑，所以布拉格舊城廣場一般又稱為胡斯廣場。不過話說回來，這裡是參觀布拉格舊城區最佳的起點，因為廣場的周圍就有許多值得造訪的古蹟。

精美華麗的天文鐘

天文鐘

市政廳的鐘塔是舊城廣場旁最熱門的景點，因為鐘塔上有一座華麗的天文鐘（Pražský orloj）。這座天文鐘興建於15世紀，分為上下兩層。上層的鐘是由數個不同功能的鐘面所組成，雖然看起來讓人覺得眼花撩亂，可是它的功能卻十分精密。最外圍1-24的阿拉伯數字為中古世紀波西米亞舊式時間，標示著1天24小時的時制；第2圈的羅馬數字，是12小時的計時方式，其中藍色的部份代表白晝，紅色及黑色則是夜晚。

鐘面中央的底部，畫了一幅如地球儀般的世界地圖，其上方裝有移動式的小圓盤，顯示出太陽、月亮運行的軌道和座落在哪一個星象，並且透露當時的天文學家們認為「地球為天體運轉中心」的錯誤觀念。如果説天文鐘上層是計算時間的「鐘」，那麼下層就算是一幅小型的月曆。

下層的圖案中，白色的外圈刻劃了1年365天，每個日子還用文字加以詳細地註明。雖然看不懂上面的文字寫些什麼，不過我猜想它的功能應該跟我們的農民曆類似！往內圈看去，有12個金黃色的大圓圈，描繪著古人們1年的生活作息，象徵12個月份；再裡面的那些小圈，就可以很清楚地看出12星座的圖案；最中間畫有城堡的標誌，則是布拉格的市徽圖樣。

我不得不承認布拉格這個天文鐘真的非常豪華，鐘塔細膩繁複的工匠技術、華麗絢爛的雕刻裝飾，並將民眾的日常生活和聖經故事的寓意融入建築藝術中，的確是件嘆為觀止的曠世傑作。

從鐘塔上鳥瞰廣場上的胡斯雕像

聚集在天文鐘前的觀光客

曇花一現的木偶秀

　　每逢整點時刻，天文鐘上方會展示耶穌十二門徒的木偶秀，這時候每位帶團的導遊們在那兒比手畫腳，努力忙著講解天文鐘的故事，有些遊客則是對著大鐘品頭論足，大家七嘴八舌的交談聲此起彼落，整座廣場猶如沸沸揚揚的菜市場一般，好不熱鬧。

　　一到整點之際，噹！噹！噹！……一連串清脆悅耳的鐘聲在廣場上響起。伴隨著遊客們的喧嘩聲，天文鐘上方的兩扇小門緩緩地開啟，接著耶穌12門徒造型的木偶輪流在小門裡現身，兩扇門隨即就關閉起來。整個過程像是曇花一現，相當地短暫，木偶秀就在眾人的驚呼聲中草草地結束了。

天文鐘的木偶秀

舊城廣場
地址：Staroměstské náměstí
交通：搭乘地鐵A線在Staroměstská站下車，再走7分鐘
網址：https://www.prague.eu/
附註：可以從市政廳內搭乘電梯到鐘塔頂端，鳥瞰整個廣場的全景，成人300CZK、6～15歲&26歲以下學生200CZK、家庭套票650 CZK
早鳥優惠：週二～日開放後的第一個小時，入場費50%折扣

聖尼古拉教堂內部的吊燈及濕壁畫

氣勢磅礡的聖尼古拉教堂

　　布拉格有兩座叫聖尼古拉的教堂,位於市政廳後方的聖尼古拉教堂(Kostel svatého Mikuláše)是其中之一(另一座位於前往城堡區的途中),興建於1732~1737年間。正面採用白色巴洛克風格的外觀,兩邊頂端佇立著對稱的青銅鐘塔,搭配外牆上栩栩如生的雕像,整體的建築散發出一股磅礡的傲然氣勢。走進內部,正前方的大理石祭壇隨即映入眼簾,頭頂上的天花板則描繪著聖經故事的溼壁畫,是值得仔細尋味的畫作。

　　這間教堂原本是古代布拉格的信仰中心,可是在提恩教堂落成後便失去其重要性;一次大戰期間,這裡甚至淪為軍隊的駐紮基地和存放雜物來使用。經歷過種種的劫難之後,聖尼古拉教堂逐漸轉型為舉辦音樂活動的場所,每逢布拉格的音樂節期間,許多重要的演出都會選定在這裡面進行,包括莫札特也曾經於西元1787年在此演奏過。

兩根尖塔直指天際的提恩教堂

瓦次拉夫廣場底部的國立博物館

雙塔獨秀的提恩教堂

從舊城廣場上所看見兩根直指天際的尖塔，那就是提恩教堂（Kostel Matky Boží před Týnem）。提恩教堂是廣場附近歷史最悠久的建築，始建於1135年，它原先是一間羅馬式風格的教堂，後來才改建為目前哥德式的樣子。教堂的雙塔高達80公尺，頂端以細長的金屬棒裝飾，看起來很像童話中城堡的屋頂，也是教堂最引人注目的焦點所在。

翻開布拉格的歷史，這間教堂總是扮演著舉足輕重的角色，尤其在15到17世紀期間，這裡是胡斯教派的聚會場所，因此被視為宗教改革的大本營。教堂前方的那一排樓房，昔日是名氣響亮的提恩學院，屋子正面頂端山形牆的造型，採取了波西米亞文藝復興式的手法，目前一樓則是整排的露天咖啡廳，若是你有閒暇的時間，不妨在這兒坐下來喝杯飲料，體驗布拉格舊城所營造的浪漫風情。

猶太區的街道

回顧歷史印記的猶太區

　　回顧歐洲的歷史，猶太人長期以來遭受到歧視及諸多不平等的待遇，尤其在二次大戰期間，包括布拉格在內的城市，數以萬計的猶太人慘遭納粹政權所迫害。走一趟猶太區之後，大家便能體會這段慘絕人寰的浩劫。

　　介於舊城區和伏爾塔瓦河（Vltava）之間的猶太區（Josefov），早在西元13世紀之前就已經存在了，當時自歐洲各地遷居到布拉格的猶太人，只能居住在規定的猶太區內，其實也就是該地的貧民區，簡陋的居住環境可想而知。後來，猶太人出身的市長梅瑟（Mordecai Maisel）出資改本區的環境，才讓原本貧困的景象改頭換面。

　　然而在18世紀時，政府推動都市更新的政策下，許多猶太區裡的狹窄街道及殘舊建築都被摧毀，僅有少數幾間教堂及墓園得以倖免保存至今。以下便是目前猶太區幾處不容錯過的景點：

梅瑟猶太會堂

「Synagoga」通常被稱為猶太會堂（非教堂），因為並非僅有教堂的功能，還同時是聚會、學習和祈禱的公共場地，所以用「會堂」這個詞更貼切一些。在各地的猶太會堂裡面，禱告的長方聖臺和座椅，都會設計面向耶路撒冷的方向，以表敬意。

梅瑟猶太會堂（Maiselova synagoga）興建於西元1592年，由前任市長梅瑟資助經費來建造，因此用他的名字命名。這間會堂後來遭逢祝融之災，經過多次整建才有哥德式的外觀。在納粹佔領布拉格期間，當地的猶太人將重要的資產都保存在這間會堂內，於是這裡成為當地的猶太文化中心。如今，會堂內部規劃成博物館，展示波希米亞及摩拉維亞地區過去數百年來的猶太歷史及文物，也會不定期舉辦音樂會或其他活動。

會堂的尖塔及拱頂為哥德式建築風格

用影片來介紹布拉格的猶太歷史

會堂內展示的猶太文物

會堂裡面大片的玻璃花窗

平卡斯猶太會堂

平卡斯猶太會堂（Pinkas Synagoga）興建於15世紀後期，位在猶太墓園的旁邊。因為地勢比較低的緣故，所以會堂的建築曾經因為淹水而損毀，後來在經過多次整修，才改建為巴洛克風格。到了二次大戰之後，會堂成為戰時罹難猶太人的紀念館，光是被刻在館內牆壁上密密麻麻的姓名，便多達8萬多人，相信任何人看了都會感到不勝唏噓。

刻在館內牆壁上密密麻麻的姓名

平卡斯猶太會堂內部非常樸素　裝飾精美的樑柱　　　　　　　會堂門口的猶太星標誌

猶太墓園

這個源自15世紀的猶太墓園（Starý židovský hřbitov），過去數百年來為猶太區的公墓，是歐洲地區規模最大、保存最完善的猶太墓園。雖然墓園的面積看起來不大，但是實際埋葬在這裡的人數估計超過10萬人，包括前市長梅瑟（Mordecai Maisel）、學者歐朋漢（David Oppenheim）、及歷史學家甘斯（David Gans）等知名人士都長眠於此。

墓園裡擠在一起的墓碑

根據猶太人的習俗，墓地及墓碑都不容許被搬移到他處。因此當墓園的土地空間用完時，又不能挪動原本的墳墓，這時候新的遺體就只能在舊有的墓地底下分層安葬，才會形成一塊塊墓碑擠在一起的景象。根據考古學家研究，這裡的墓地底下最多可達12層。而墓碑上的符號，也代表著死者生前的職業或家徽。

墓碑上刻著希伯來文字

舊-新猶太會堂

舊-新猶太會堂（Staronová synagoga）於西元1270年落成，是歐洲現存最古老的中世紀猶太會堂，後來又興建了其他更新的會堂後，於是改名為「舊-新猶太會堂」。會堂的外牆上有著三角形的鋸齒狀屋頂，正面紅磚中設有槍眼的小孔，特殊的哥德式造型，絕對會吸引路人的目光。

走下階梯進入會堂，映入眼簾的是光線不太明亮的拱廊廳堂。自天花板垂吊而降的暗黃燭燈，映照在斑駁的牆面上，更顯得古意盎然；牆垣底部一整排老舊的木頭座椅，環繞著中央的禱告台，裡裡外外皆散發著莊嚴神聖的氛圍。即使非猶太教徒，內心也會不自主地燃起一股敬意。

會堂內斑駁古老的環境

禱告廳堂

舊-新猶太會堂外觀

猶太區（Josefov）
地址：梅瑟猶太會堂（Maiselova 10, 110 00, Prague 1）、平卡斯猶太會堂（Široká 3, 110 00, Prague 1）、墓園（Široká 3, 110 00 Praha 1）、舊-新猶太會堂（ ervená 2, 110 00 Praha 1）
交通：自Staroměstská地鐵站走往Široká街的方向，約50公尺
網址：http://www.jewishmuseum.cz/
時間：4～10月9:00～18:00、11～3月9:00～16:30。週六及猶太假日關閉。
費用：猶太區聯票（成人550CZK、6～15歲兒童&26歲以下學生400CZK、6歲以下免費）。拍攝藏品需要另付120～300CZK。
附註：4/24、4/29、6/12、6/13、10/3、10/4、10/12、10/17、10/18、10/24、10/25為猶太假日

新城的象徵：瓦次拉夫廣場

　　西元14世紀的時候，布拉格舊城裡的人口已經達到飽和的狀態，於是國王展開一連串的都市更新，在舊城牆的外圍規劃一處「新城區」（Nové Město），將布拉格市區的版圖向外擴充好幾倍，所謂的新城區就是目前介於舊城區和火車站之間的區域，可是論其年份其實也不算新了。

　　如今新城區裡最具代表性的地方，便是瓦次拉夫廣場（Václavsé náměstí）。嚴格來說，瓦次拉夫廣場並非大家印象中歐洲典型的方形或是圓形廣場，而是比較像是一條寬敞的大道。這條60公尺寬的筆直大道延伸至尾端的國立博物館（Národní muzeum），街道的兩旁不乏琳瑯滿目的精品商店、各式各樣的餐廳、及優雅古典的新藝術建築，散發著濃厚的商業氣息。馬路中央的分隔島是一片綠油油的草坪，盡頭則矗立著瓦次拉夫國王（St Václavsé）的青銅雕像。

新城區裡琳瑯滿目的商家

瓦次拉夫廣場

特色餐點&人氣伴手禮

水煮麵糰 Kendliky

白色的水煮麵糰（又稱為捷克水餃），是捷克最道地的傳統美食，乍看之下很像是饅頭，不過吃起來比較偏向麵包的口感，通常會搭配肉類或是酸菜一起食用。

捷克啤酒

捷克自中世紀開始便以生產啤酒聞名，居民平均每年的啤酒飲用量在世界上排前幾名，而且這裡啤酒的價位便宜，喝酒可以說比喝水還要划算。比較知名的品牌有百威啤酒（Budějovický Budvar）、比爾森啤酒（Pilsner Urquell）等。

便宜又好喝的捷克啤酒

製作精巧的木偶人

木偶人紀念品

自17～18世紀開始，捷克發展出用木偶人來表演戲劇的活動，除了提供娛樂性的效果之外，製作木偶人精巧的工藝技術，更是傳統民俗才藝的表現，因此各種造型奇特的木偶人，成為非常受觀光客青睞的紀念品。

波丹妮系列產品 Botanicus

出產自捷克的波丹妮系列的保養品，強調以純天然植物性的成份製造，包括多種同口味的手工香皂、精油、沐浴用品、乳液等等，是深受台灣人喜愛的產品，而且退完稅後的平均價位大約是台灣的一半，若是有機會來到布拉格，千萬不能錯過這類伴手禮（一塊香皂約135克朗，店家網站：http://www.botanicus.cz/）。

波丹妮的死海泥香皂

3天2夜的經典路線規劃

Day 1

（地鐵或步行）查理大橋 ▶（步行）聖尼古拉教堂Kostel sv. Mikuláše ▶（步行）晶魯達瓦街 ▶（步行）布拉格城堡

　　用完早餐後，前往布拉格的地標：查理大橋參觀，登上橋塔可以將整座橋的景觀盡收眼底，橋上的雕像也是不容錯過的重點。在中午12:00之前，抵達布拉格城堡的大門，欣賞衛兵交接的過程，再接著造訪城堡內的景點。

Day 2

（地鐵或步行）舊城廣場 ▶（步行）猶太區 ▶（步行）聖尼古拉教堂 Chrám svatého Mikuláše ▶（步行）市政廳 ▶（步行）提恩教堂 ▶（步行）舊城區購物逛街

　　今日參觀的重點在舊城區內，先去造訪猶太區的景點，然後返回舊城廣場。看完天文鐘整點的木偶秀，再登上鐘塔頂端，鳥瞰布拉格舊城的景色，也能清楚地看見一旁的提恩教堂。舊城廣場有許多街頭藝人的表演，不妨放慢腳步慢慢欣賞。剩餘的時間，直接留在舊城區逛街，或是休息片刻，晚上再返回這裡看夜景。

Day 3

（地鐵）瓦次拉夫廣場 ▶（步行）國立博物館 ▶（地鐵）機場或火車站

　　離開布拉格的當天，把握最後時間參觀新城區的瓦次拉夫廣場，附近有許多商店，可以順便血拚。火車站離國立博物館不遠，若是計畫搭火車前往下個城市的話，可以直接走過去。

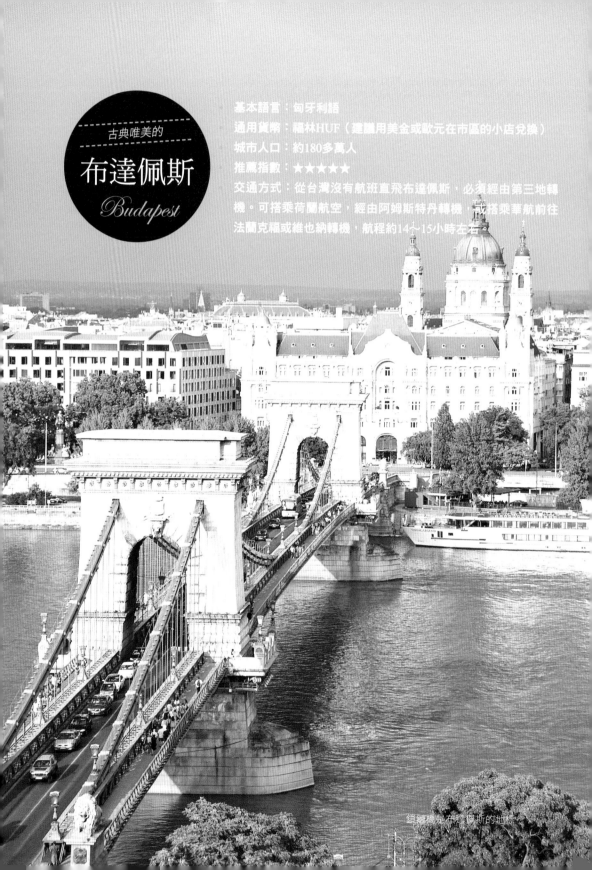

古典唯美的
布達佩斯
Budapest

基本語言：匈牙利語
通用貨幣：福林HUF（建議用美金或歐元在市區的小店兌換）
城市人口：約180多萬人
推薦指數：★★★★★
交通方式：從台灣沒有航班直飛布達佩斯，必須經由第三地轉機。可搭乘荷蘭航空，經由阿姆斯特丹轉機，或搭乘華航前往法蘭克福或維也納轉機，航程約14～15小時左右。

鎖鏈橋是布達佩斯的地標

提到匈牙利（Hungary）這個國家，可千萬別講成Hungry（肚子餓），雖然兩個字只差一個字母，卻是失之毫釐，差之千里啊！在歐洲眾多國家中，我覺得匈牙利算是稍微冷門的旅遊景點，日常生活中能跟它沾上關係的也不多。可是你或許不知道，每個人從小都玩過的旋轉魔術方塊（Rubik's Cube），就是匈牙利建築師艾爾諾‧魯比克（Ernő Rubik）所發明的。

匈牙利位於西歐和東歐之間的過渡地帶，自古以來曾經被羅馬人、匈奴人、土耳其人等不同的族群統治過，因此融合多元文化的複雜背景。現今的居民之中，某些人自稱他們是匈奴的後裔，可是無法有直接的血緣證明；更有流傳說匈牙利人的祖先來自亞洲，所以姓名的寫法跟亞洲人一樣，採用姓在前、名在後的方式。不管哪一種推論才是可信的真相，如此撲朔迷離的淵源，延伸出了一層神秘的色彩，引起人們想要前往一探的慾望。要認識匈牙利，那就從它的首都兼第一大城市：布達佩斯（Budapest）開始吧。

匈牙利‧**布達佩斯**

【從機場前往市區的交通圖解】：
1. 在機場領完行李出關後，找到公車站
2. 搭乘200E號公車前往市區（車站旁有自動售票機，轉乘券車票為530HUF），每30分鐘有一班車
3. 公車會經過地鐵M3藍線地鐵KőbányaKispest這一站
4. 從地鐵站可買布達佩斯的交通券，再轉搭地鐵前往市中心
5. 從機場搭計程車到市區約40～45分鐘，費用約10800 HUF

【布達佩斯市區的交通票券】：
布達佩斯市區的交通，包括地鐵、電車及公車，地鐵票可以在車站的自動售票機購買，機器能切換英文或是簡體中文的介面，操作上其實很簡單。在機場也有專門販售票券的窗口（早上9：00開始營業），只能使用信用卡或是福林購買，不接受歐元，購買多天的票券得出示護照，以登記姓名。
單程票價位是450 HUF、10次票4000HUF、24小時2500 HUF、72小時5500 HUF。購買24小時的票券，到隔天的同一時間有效，票券上會註明購買的日期及時間。至於使用多天的交通券，務必要確實填寫日期，進出地鐵站時會有工作人員查票。如果是購買「單程票」的人，進入地鐵站時，月台旁邊有一台橘紅色的打票機，上車前記得要先打票。搭乘公車的話，則是在公車上打票。

布達佩斯的Ferihegy機場

機場外前往市區的200E公車

72小時的交通券

布達佩斯的市區交通
費用：單程票450 HUF、24小時2500 HUF、72小時5500 HUF，使用多天的交通券務必要確實填寫日期，市區裡查票非常嚴格。
網址：https://bkk.hu

認識布達佩斯

　　似乎歐洲城市只要有河流的加持下，就會被冠上浪漫柔情的等號，如巴黎的塞納河、倫敦的泰晤士河、布拉格的伏爾塔瓦河……等等，當然布達佩斯也不例外。被多瑙河貫穿的布達佩斯，匯集萬般的迷人風采於一身，有人說布達佩斯是「東歐的巴黎」，也有人說它是「多瑙河畔的明珠」，不論是哪個封號，華麗誘人的布達佩斯，絕對可以列為世界上最美的城市之林。

　　匈牙利人在13世紀遭受到蒙古人攻擊後，選擇於城堡山（Várhegy）上建立碉堡作為城市的據點，當然就是看上它卓越的地理位置，在數百年前戰亂紛爭的年代，這種居高臨下的環境擁有易守難攻的優點；城鎮便是在如此得天獨厚的環境下，一點一滴地逐漸發揚擴展。西元1873年，匈牙利境內瀕臨多瑙河畔的三個城鎮：老布達（Óbuda）、布達（Buda）及佩斯（Pest）組成了一個嶄新的都會區，那就是當今的布達佩斯。

分別位居多瑙河兩岸的布達及佩斯

佩斯是熱鬧的商業區

佩斯市區林立著古典的樓房

歷史悠久的城堡山

　　多瑙河西岸的布達及老布達，位於將近兩公里狹長的山丘上，當地人稱之為城堡山（Várhegy），由於這裡是過去數百年來的政治文化中心，保存許多古蹟及重要的歷史建築。至於對岸的佩斯，則是林立著古典優雅的樓房，發展成熱鬧繁忙的商業區，因此布達佩斯兩岸的新舊景觀形成強烈的對比。

▊聖三位一體廣場
交通：搭乘地鐵M2線至Moszkva tér站下車，再轉搭往城堡山的16號巴士（Várbusz）

鎖鏈橋及後方的城堡山

聖三位一體廣場

　　市區開往城堡山的公車，幾乎班班都人滿為患。從乘客們手中拿著旅遊地圖、胸前掛著相機的模樣看來，這簡直是各路人馬必來的朝聖之地，我心裡便想「這麼夯的景點，一定不會讓我失望的。」

　　居於城堡山中間位置的「聖三位一體廣場」（Szentháromság tér），是參觀城堡山最理想的起點，大多數搭公車過來的遊客們會在這一站下車。簡單來說，「聖三位一體」就是古代歐洲民眾心中祈求平安的神祇，也許你會問是哪三位呢？所謂的三位一體就是「聖父」、「聖子」、及「聖靈」的綜合體，其本質的根源都是代表上帝。廣場中央的三位一體紀念碑，在歐洲其他城市也出現過（例如維也納），它們代表的意義其實都差不多，主要是紀念黑死病蔓延的慘況。

聖三位一體廣場

馬提亞斯教堂

　　廣場旁邊的那間教堂，是赫赫有名的馬提亞斯教堂（Mátyás templom）。這間教堂始建於西元13世紀，在歷年來多次的修建中累積不同時代的建築風格，而我的運氣也相當好，剛好遇見最近一波的整修工程結束，得以窺見最新款的教堂風貌。

　　乍看之下，教堂細長尖塔的外觀看似哥德式的風格，可是仔細端詳一會兒後，卻發現它的彩繪琉璃屋頂竟詮釋著迥然不同的調調。原來，匈牙利被諸國統治的時候，包括奧地利、土耳其等民族皆參與部份的增建，因此教堂本身吸收了些許異族文化的色彩。由於這裡是歷任國王加冕的場所，教堂內部也擺放著皇冠的複製品，並同時有教會的聖器與聖物等展示品。

馬提亞斯教堂

漁夫堡　　　　　　　　　　　　　漁夫堡的夜景

城市的守衛：漁夫堡

　　從馬提亞斯教堂再繼續往山壁邊一直走，為城堡山最熱門的景點：漁夫堡（Halászbástya）。據說漁夫堡是為了紀念古代負責防禦城堡的漁夫們，於19世紀末所興建，不過在二次世界大戰時幾乎全被摧毀，這是後來又修建的樣子。整個漁夫堡總共有7座塔樓，分別象徵當初建國的7支馬扎爾民族（Magyarok），它以迴廊結合塔樓的模式，矗立在城堡山的山壁邊緣，形成非常特殊的景觀，也是眺望河對岸佩斯最佳的地方。

　　漁夫堡頂端的景觀台，在白天是需要付費才能進入，於是我們就乖乖地繳錢才上去。沒想到我們晚上再來拍夜景的時候，發現景觀台居然大剌剌地開放給大家自由進出，覺得自己很愚蠢地多花了一筆冤枉錢。漁夫堡樓上設有露天咖啡廳，從這裡可以清楚地眺望整個市區及多瑙河的景觀，身旁還有音樂家現場的演奏，娟娟纏綿的動人旋律和襯托著眼前的無敵美景，相信任何人置身在如此的優雅情境下，會覺得心靈都快被融化了，絕對是浪漫指數破表的勝地啊。

現場的音樂演奏

漁夫堡樓上的露天咖啡廳

布達皇宮

　　矗立在多瑙河山丘上的布達皇宮（Királyi Palota），最早始建於西元1247年，當初是匈牙利國王「貝拉四世」（IV Béla）為了防範蒙古人的西侵而下令興建的皇宮，之後歷任的國王都沿襲這個居高臨下的優勢，作為歷代皇室的據點。在諸位國王的精心打造之下，整片皇宮區呈現出瓊樓玉宇的輝煌景象，豔麗奢華的程度彷彿就是神仙的居所。

　　由於布達皇宮是當地最重要的核心地區，於是成為古代外族侵犯所覬覦的首要目標，屢次遭到破壞而荒廢。在哈布斯堡王朝進駐後，大肆整修皇宮的工程奠定了整體建築的雛型，目前的皇宮外觀是於西元1950年代所修建後的模樣，並規劃成歷史博物館、國家藝廊、及皇家酒窖博物館。

布達皇宮內的花園

前往皇宮的纜車站　　　　　　　　　皇宮的入口

布達皇宮

交通：搭乘地鐵M2線至Moszkva tér站下車，再轉搭往城堡山的16號巴士（Várbusz）；也可以從鎖鏈橋旁的纜車站搭車上山，便是皇宮的入口處，纜車的營運時間為8:00～22:00，單數週的週一不營運，纜車的來回票價為4000HUF

橋左右兩側各有一座巨型的獅子雕像

鋒芒畢露的鎖鏈橋

　　如果你想尋找這個城市最觸動人心的美景，那麼絢爛的鎖鏈橋（Széchenyi lánchíd）絕對會讓每個人讚嘆不已。從布達皇宮往多瑙河看過去，底下那座美輪美奐的橋樑便是布達佩斯的地標：鎖鏈橋。雖然皇宮和鎖鏈橋兩者之間有纜車連繫，不過我建議喜歡拍照的人，從皇宮沿著山坡上的公園走下山，因為途中是欣賞鎖鏈橋最清楚的地點。

冰冷又簡潔的橋身

鎖鏈橋上的燈泡

鎖鏈橋的背景

　　這座橫跨多瑙河的鎖鏈橋，嚴格來說是一座鋼索式的吊橋，它不但是布達前往佩斯最直接的途徑之一，同時也呈現獨一無二的美學建築風格。在西元1839年，塞切尼公爵（István Széchenyi）上任之後，聘請英國的工程師威廉·克拉克（William Tierney Clark）來擔任設計，他仿照先前在英國的作品：瑪洛大橋（Marlow Bridge）為基本概念，完成這座驚為天人的傑作。

　　耗時10年完工的鎖鏈橋，全長375公尺、寬16公尺，能夠同時讓汽車和行人通行，為目前連結布達佩斯東、西兩岸間最古老的橋樑。來到橋兩端的入口處，左右兩側各有一座巨型的獅子雕像，它們猶如鎮守著橋樑的守護神，威風凜凜的模樣展現了豪邁的氣勢。不過這威猛獅子的嘴巴內，只看得到那雙獠牙並沒有舌頭，因為根據當地的傳說這樣才會帶來好運。

夜晚的鎖鏈橋是多瑙河上最耀眼的明珠

白天和夜間的不同風貌

　　走到橋上，由於是鋼索吊橋的緣故，你會發現橋身隨著往來的車輛而微微地擺動。以鋼架為主體的橋樑，散發出一股冰冷又簡潔的味道，可是在那一盞盞典雅的燈柱裝飾下，又注入些許柔情的元素。雖然白天的鎖鏈橋看似剛毅，可是在入夜打上燈光之後，呈現的是截然不同的風貌。

　　當夜幕低垂之際，整座鎖鏈橋上點亮了黃色的燈泡，遠遠看過去像是一串閃閃發光的鏈條，因此這座橋才會有「鎖鏈橋」的封號。在黑暗中閃爍著光芒的大橋，和矗立在山上的城堡相互呼應著，儼然是夜晚多瑙河上最耀眼的明珠。跟白天相較之下，晚間的鎖鏈橋更顯露出華麗的鋒芒，如此讓人嘆為觀止的景色，被視為布達佩斯最具象徵性的地標。

藝術宮內部

碧草如茵的市民公園

藝術宮

多功能的休閒去處：市民公園

　市民公園（Városliget）佔地3百多公頃，是布達佩斯郊區最廣闊的森林綠地，徜徉在這片碧草如茵的悠閒環境裡，不僅能欣賞到嵐影的湖光和嬌豔的花卉等自然風光，公園還提供人們一處多元性的休憩場所，包括親子同樂的遊樂場、可愛的動物園及植物園、充滿文藝氣息的博物館、及具有療效的溫泉中心等等，許多當地重要的慶典（如建國千年的慶祝活動）也都選擇在此舉行。換一種說法，市民公園可說是布達佩斯民眾的私房後花園。

市民公園洋溢著悠閒的氛圍

英雄廣場

　位在安德拉西大街（Andrássy út）底端的英雄廣場（Hősök tere），是市民公園最主要的入口。西元1896年，為了慶祝匈牙利建國滿1千年，政府興建這廣場並設置「千禧紀念碑雕像」（Millenniumi Emlékm），來緬懷當年為匈牙利帶來自由和獨立的英雄們，因此廣場上的各個雕像都具有歷史及政治上的表徵。

　遼闊的廣場散發出磅礡宏偉的氣勢，正中央是一根36公尺高的紀念圓柱，柱子的頂端矗立著大天使百加列（Archangel Gabriel）的銅像，他的右手拿著第一任匈牙利國王的聖冠，左手持著金色的雙十字架。圓柱底部基座的雕像，則是建國7支馬扎爾族酋長們騎馬的英姿。後方那兩側對稱的圓弧形廊柱，分別豎立了歷史上14位著名的國王和政客的塑像。

廣場上的雕像

英雄廣場

維達胡亞城堡

　　座落於市民公園裡面的維達胡亞城堡
（Vajdahunyad vára），同樣也是慶祝建
國千年所建造的展示品之一。周圍被人工
湖所環繞的城堡，是由匈牙利本土的建築
師伊納斯（Ignác Alpár）所設計的。原
先，這座城堡只是用木頭和紙板搭建而成
的臨時展覽品，因為獨特的創意廣受各方
的好評，才重新用石頭和磚塊改建成目前
的模樣。

　　維達胡亞城堡奇特的外觀，匯集匈牙利
史上幾棟聞名的建築物，因此融合了中古
世紀、哥德式、文藝復興到巴洛克等諸多
風格的特點於一身，像是數千年歷史的縮
影，目前則是農業博物館的所在地。一旁
湖泊裡划行的小船，自由自在地穿梭在水
面上的模樣，和展示品巧妙的搭配下，會
讓人誤以為來到水鄉澤國的錯覺呢。

被人工湖所環繞的城堡

彷彿是水鄉澤國的場景

維達胡亞城堡
交通：搭乘地鐵M1黃線至Hősök tere站下車，再步
行約10分鐘
時間：每週一休息、4月1日～10月31日10:00～
17:00、11月1日～3月31日10:00～16:00
價位：城堡免費參觀&拍照，博物館門票成人2500
HUF，6歲以下免費
網站：http://www.vajdahunyadcastle.com/

城堡旁的展覽

流傳數千年的溫泉文化

　　由於布達佩斯位於斷層地帶上，形成許多天然的泉源，再加上被喜歡溫泉浴的羅馬人及土耳其人統治過的緣故，自古以來這裡就發展成著名的溫泉城市。跟歐洲其他國家一樣，不論是以身體浸泡的型態還是經由直接生飲的方式，布達佩斯的溫泉皆具有醫療上的效能，包括治療風溼症、關節炎、神經痛、婦女病等等。溫泉浴既養生又健康，泡湯因而演變成當地的傳統風俗習慣。

　　在眾多泡溫泉的地點之中，最受大家青睞的就是賽切尼溫泉（Széchenyi gyógyfürd）。為什麼這個溫泉中心會如此熱門呢？因為它的規模在整個歐洲地區是獨占鰲頭，而且幾乎介紹過布達佩斯的旅遊書或雜誌，都會刊載老伯伯們在溫泉池中下棋的經典畫面，就是在這裡面一處浴池的場景。

賽切尼溫泉的黃色樓房

古典的室內池

賽切尼溫泉浴場

　位於市民公園內的賽切尼溫泉浴場 （Széchenyi gyógyfürd），從周圍綠意盎然的環境和古典的新巴洛克建築樓房來判斷，其實不難看出匈牙利人泡溫泉是很講究格調。這間佔地6千多平方公尺的溫泉中心，於西元1913年開幕營運，當年就湧進超過20萬人次的遊客前來。由於每年的顧客不斷地增加，數年後溫泉中心再度擴建，成為歐洲首屈一指的溫泉中心。

　這裡的溫泉水從地底下將近1公里深處所開鑿，每處溫泉池旁邊都有成份含量的標示牌。整座溫泉中心裡裡外外，共有15處室內池和3處戶外池，另外還附設10間不同溫度的烤箱及芳香蒸氣室。如果曾經在歐洲泡過溫泉的人應該都知道，歐洲溫泉的水幾乎都是「溫」的，溫度僅介於20～38度之間，不像台灣或是日本那種熱騰騰的溫泉。對我們來說，泡起來也許會不夠過癮吧！

在溫泉池裡下棋，是這裡的經典畫面

泡溫泉是這裡的全民運動

不分男女老少的休閒活動

　　來這裡泡溫泉，記得要自行準備毛巾（可另外租借）、穿泳裝或短褲，有些池子還規定要戴泳帽才能進入。進入溫泉中心裡面後，不論走到哪一池都是密密麻麻的人潮，慕名而來的觀光客多、當地人也很多，擠不下水中的人只好躺在一旁做日光浴。與其說是來泡溫泉，我倒覺得大家是直接把這裡當成游泳池了。

　　除了泡溫泉之外，這裡還提供按摩等其他服務。週末晚上甚至有所謂的「溫泉趴」，五光十色的樣子好像是把夜店直接搬進來。由此可見，當地居民真的是徹底地把溫泉文化融入生活中。雖然整體的環境很漂亮，建築物也非常典雅，可惜缺點就是遊客人數稍微多了點，有些小朋友甚至在裡面玩水嬉鬧，想要安安靜靜地放鬆泡湯其實有點困難。不過若是你想來體驗一下匈牙利人的泡湯文化，倒是值得來開開眼界。

賽切尼溫泉中心
交通：搭乘地鐵M1黃線至Széchenyi fürdő 站下車，
一出站即是溫泉中心的入口
地址：H-1146 Budapest, Állatkerti krt. 11.
電話：（36-1）363-3210
時間：平日7:00～20:00、週末8:00～20:00
價位：平日9400Ft、假日10900Ft，不建議14歲以下的兒童前來
網站：http://www.szechenyibath.hu/

溫泉池都會有成份的標示説明

觀光化的中央市場

中央市場（Nagy Vásárcsarnok）在東歐國家並不算是什麼新鮮的景點，因為幾乎每個大城市都有屬於自己的中央市場，簡單來說就是當地最大的菜市場。雖然如此，我還是喜歡逛逛不同地方的市場，畢竟從市場裡所販售的商品及食物，你會更容易了解這個地方到底有什麼特產，能更貼近當地人的生活型態。

乾淨整潔的賣場環境

當年布達、佩斯及老布達三個城市結合成布達佩斯的新都會區時，原有的市場規模無法提供都市擴充後的人潮，於是政府決定在多瑙河邊建造一棟新的市場，這就是今天的中央市場。這個市場於西元1897年3月落成，外牆採用磚瓦的建築及內部挑高棚頂的設計，加上屋頂透明採光的構想，成為當時最摩登新穎的市場之一，乍看下會讓人誤以為是火車站或是博物館呢！目前的樣貌是於90年代又重新整修。

中央市場的外觀

由於市場裡的採光極佳，光鮮明亮的場所看起來非常舒服，整個賣場的治安及環境也讓人覺得很放心；井然有序的攤位規劃及寬敞的空間，真的是讓我讚不絕口，完全不會有人擠人的壓迫感。也許是因為中央市場太有名氣的緣故，吸引了絡繹不絕的觀光客前來參觀，我發現身邊很多人是帶著相機的遊客，感覺這個市場淪落為觀光景點了，似乎看不到當地傳統文化的原貌。

中央市場
交通：搭乘路面電車2、47、49號在Fővám tér下車（自由橋旁邊），下車就能看到。
地址：Vamhaz krt. 1-3,Budapest
時間：週一 6:00～17:00、週二～五6:00～18:00、週六 6:00～15:00、週日休息

挑高設計的中央市場

琳瑯滿目的乾貨

市場一樓的蔬果攤

辣椒是匈牙利的特產之一

二樓紀念品區的俄羅斯娃娃

市場的二樓販賣許多熟食

公牛血是匈牙利著名的紅酒

一樓的生鮮蔬果v.s.二樓的紀念品及美食區

　　商場的一樓主要販售生鮮蔬果、肉製品、香料等日常民生食物。走上二樓，幾乎只剩下外地遊客的身影。人山人海的遊客取代了當地的居民，攤販們賣的東西也轉移成觀光導向，有繽紛巧手的織布、娃娃玩偶或是馬克杯等琳瑯滿目的商品，計畫要買紀念品的人不妨來這裡挑選，應該能挖到不少寶物回家。

　　二樓另一端是整排美食區的小店，賣著五花八門的當地美食，從烤雞蛋到香腸等熱食，到糕餅及甜點等小點心，看了真的會讓人垂涎三尺，而且價位並不貴。建議大家來逛中央市場前千萬不要吃太飽，因為這裡面便宜又美味的食物實在太多了。

　　若是你喜歡小酌一杯的話，不妨在二樓的美食區品嚐看看。以公牛頭為標誌的紅酒，對於喜歡喝葡萄酒的饕客們一定不能錯過。這款酒是匈牙利的特產之一，大家稱它為「公牛血紅酒」（Egri Bikavér）。千萬不要被它的名稱給嚇到，其實這款紅酒和公牛血一點關係都沒有，當然也不是用牛血來釀造的。據說因為酒呈現出深紅的血色，讓人誤會是喝血，才有公牛血的封號，它可是貨真價實的紅酒呢！

　　除此之外，Tokaji Aszú是匈牙利另一款聞名的甜酒，這款酒有「酒中之王」的美譽呢！它依味道及色澤區分為不同的風味，你可以看到瓶身上標示著1～6的Puttonyos編號等級，一般又稱它為「貴腐酒」。

中央市場的二樓是挑選紀念品的好地方

不能錯過的美食&特產

匈牙利辣椒粉

匈牙利牛肉湯 Gulyás
（英文：Goulash suop）

　　匈牙利牛肉湯是當地流傳已久的傳統飲食，主要的成份為牛肉（或其他肉類）、馬鈴薯、辣椒粉及大蒜、蕃茄等調味料，一起用慢火燉煮而成的濃湯。香濃的湯頭和入口即化的嫩肉，搭配成一道誘人的餐點。

辣椒 Paprika

　　眼尖的人一定會發現，匈牙利許多商店都會掛著一串串的辣椒，或是辣椒造型的紀念品，就能猜到辣椒是這地方的特產了。一般的觀光客當然不會買整串的辣椒回家，不過辣椒粉這類香料產品，不論是送禮或自用都兩相宜，而且這嚐起來不會辣到讓人無法接受，就算不習慣吃辣的人也可以試看看囉。

貴腐酒有多種不同的等級和風味

貴腐酒 Tokaji Aszú
（英文：Noble Rot）

　　匈牙利自西元17世紀就開始釀造貴腐酒，是用天然的貴腐霉菌沾染在葡萄上所釀造出來的甜酒。由於生產過程非常耗費人力成本，因此產量也相當稀有珍貴，所以有酒中之王的美稱。又因廣受當時皇室成員的喜愛，而成為指定的御用酒品。

Hotel Párisi Udvar下午茶

位於伊麗莎白橋附近的Párisi Udvar Hotel，由匈牙利知名建築師Henrik Schmahl在19世紀所打造，他根據巴黎廊街（Passage des Panoramas）為藍圖，採用挑高玻璃花窗的中庭設計，讓自然光穿透進入室內，才會被命名為「巴黎庭院」（Párisi Udvar）。

這棟房屋融合歌德式和摩爾人的建築風格，原先被當作購物商場及銀行總部使用。在二次大戰後，高樓層改建成公寓，後來因為年久失修逐漸荒廢。直到2019年再重新翻修後，才以五星飯店的新面貌重現世人的眼前，提供精緻的下午茶點，有機會來造訪布達佩斯的朋友不能錯過。

中央市場
網址：https://parisiudvarhotel.hu/
時間：下午茶14:00～17:00
價位：14000 HUF
附註：請先上網訂位

傳統的布料飾品

由於匈牙利的地緣關係，他們的服飾風格、紡織品都融合了東西方的元素在裡頭，男性的服裝多為刺繡的圓領白上衣搭配帽子，女性則會戴頭巾與髮帶。除了傳統的服飾之外，手工刺繡的桌巾也展現了豐富的民族色彩。

身穿匈牙利服飾的芭比娃娃，戴著傳統的頭巾或髮帶

3天2夜的重點路線規劃

Day 1

（電車）中央市場 ▶（步行）瓦采街 ▶（地鐵＋轉公車）城堡山 ▶（步行）聖三位一體廣場 ▶（步行）漁夫堡 ▶（步行）皇家酒窖博物館 ▶（步行）布達皇宮 ▶（步行或纜車）鎖鏈橋

　　早上搭車前往中央市場逛逛，不妨可以考慮在市場內買點水果或是熱食當做中餐，然後沿著市場前面的瓦采街散步走回市區。下午前往城堡山的舊城區參觀，不趕時間的話，推薦在這裡用晚餐，順便等待欣賞夜間的景色。

熱鬧的瓦采街（Váci utca）

Day 2

（地鐵）賽切尼溫泉中心 ▶（步行）市民公園 ▶（步行）英雄廣場 ▶（步行）藝術宮 ▶（步行）現代美術館 ▶（地鐵）多瑙河遊船

矗立於山壁上的漁夫堡

　　結束了第一天忙碌的行程，第二天的早上安排到溫泉中心放鬆一下，體驗匈牙利的溫泉文化。中午用過午餐後，就近參觀市民公園及英雄廣場周圍的景點。晚上若不覺得累，可以安排到多瑙河遊船，欣賞美麗的夜景。

Day 3

（地鐵）國會大廈 ▶（步行）多瑙河沿岸散
步 ▶（地鐵）機場或火車站離開

　　在離開布達佩斯之前，把握最後的時
間參觀其他的重要景點，如國會大廈（記
得事先預約參觀場次，否則將需要排隊等
候進場。網址：http://www.parlament.
hu/）。若是還有空閒，下午返回佩斯一帶
的新城區血拚，購買紀念品後準備離開。

來到布達佩斯非得要來
鎖鍊橋走一趟

參觀國會大廈前要先預約

童話故事般的

哥本哈根
Copenhagen

- 基本語言：丹麥語
- 通用貨幣：丹麥克朗Danish krone
- 城市人口：約133萬人
- 推薦指數：★★★★★
- 交通方式：從台灣沒有航班直飛哥本哈根，必須經由第三地轉機。可搭乘荷蘭航空，經由阿姆斯特丹轉機、阿聯酋航空在杜拜轉機、新航在新加坡轉機、華航前往法蘭克福或維也納轉機，航程約15～18小時左右。

哥本哈根的新港

　　曾經榮膺2016年「世界上最快樂國度」的丹麥，在穩健的經濟體系支撐下，造就了完善的福利制度及優質生活環境，成為一處令人稱羨的國家。身為首都的哥本哈根，雖然擁有超過百萬的人口，但是絲毫不會讓人覺得擁擠，街頭到處都是騎著單車出門的民眾，是個高度綠化環保的城市。由於哥本哈根在北歐地區的位置偏南又臨海，氣候受洋流調節的影響下，天氣相對的比較溫暖，動人的景色宛如童話故事中的場景，絕對是歐洲最美的城市之一。

哥本哈根機場

紅色自動售票機販售火車、公車和地鐵的票

搭車前要先感應車票

哥本哈根中央車站

丹麥・哥本哈根

【從機場前往市區的交通圖解】：
1.在機場（Lufthavn）領完行李出關後，前往第三航廈轉搭火車、地鐵或公車到市區
2.火車：欲搭乘火車的人在自動售票機購買車票後，到2號月台搭車前往哥本哈根中央車站（Københavns Hovedbanegård），車程約15分鐘，每10分鐘就有一班車，上車前記得在月台上的機器感應車票
3.地鐵：在自動售票機購買車票後，搭乘地鐵前往哥本哈根市區，車程約15分鐘，白天每5分鐘有一班車、晚上20分鐘一班車
4.公車：搭乘5A號公車前往市區，車票可向司機或機器購買

【前往哥本哈根的市區交通】：
不管搭火車、地鐵還是公車，從機場到市區的單程票價都是36克朗。建議大家先確認旅館的地點後，再決定搭乘哪種交通工具最方便。在機場內的旅遊中心也有賣哥本哈根卡（Copenhagen Card），除了可以無限次搭乘大眾交通之外，還包括博物館的門票，對於物價高的丹麥非常划算。
・哥本哈根卡：24小時459DKK、48小時679DKK、72小時839DKK、96小時979DKK，天數越多越划算。
・丹麥國鐵：https://www.dsb.dk/
・哥本哈根地鐵：https://intl.m.dk/

輝煌的歷史過往

哥本哈根是自行車很普及的綠化城市

　　根據考古的證明顯示，11世紀時人們已經來到哥本哈根定居，在草原上放牧牲畜、建造港口，形成一處小規模的城鎮。因為這裡四通八達的地理位置，很快地便躍升為交通和貿易中心。擁有繁盛的商業背景，市區順利地有系統地擴建，包括教堂、修道院和城牆，轉眼間就發展成為重要的城市。哥本哈根這名稱便是從古丹麥文Købmannahavn這個字演變而來，意指「商人的海港」。

　　在中古世紀的時候，哥本哈根掌控了漢莎同盟（Hanseatic League）和波羅的海（Baltic Sea）之間的貿易路線，往來的渡輪通過松德海峽（Øresund）還得繳交過路費，不論是經濟還是政治的地位都獲得了實質的提升。為了鞏固城市的安全，於是加強了堡壘、塔樓和城堡等防禦性的建設，即使漢莎同盟曾多次覬覦此地，都依然未能成功奪下控制權。

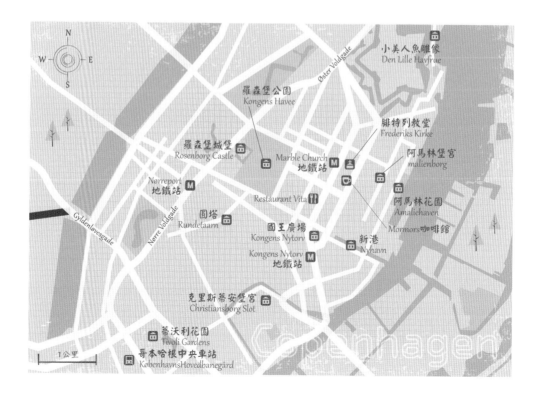

　　1416年，丹麥國王艾瑞克（Eric of Pomerania）從主教手中奪回哥本哈根，這城市才正式成為王室的管轄範圍。自此接下來的數百年間，丹麥的國力達到最鼎盛時期，領土擴及今日的冰島、挪威和格陵蘭一帶，堪稱是中世紀北歐地區的霸主。到了16世紀，在國王克里斯蒂安四世（Christian IV）勵精圖治的統治下，致力於哥本哈根的各項建設，許多熱門的觀光景點都是這時期所遺留下來的建築。

丹麥人的生活快樂指數都是世界前幾名

哥本哈根的市政廳

非常壯觀的克里斯蒂安堡宮

從克里斯蒂安堡宮的鐘塔所眺望的市區景觀

克里斯蒂安堡宮

　　克里斯蒂安堡宮（Christiansborg Slot）的歷史，主要可以分為三個階段。早在1167年，來自羅斯基勒的主教阿布薩隆（Bishop Absalon of Roskilde）在現址建造一座城堡。雖然規模不算大，但是在牆垣所保護的庭院內，已經具有城堡的基本雛型，林立著主教宮殿、教堂和幾座零星的小屋。有鑒於哥本哈根的戰略地位和經濟利益，主教和王室一直在爭奪這裡的掌控權，加上海盜及漢莎同盟也企圖多次佔領，成為兵家必爭的紛擾之地。

內部金碧輝煌的宴會大廳

　　在14世紀的一場衝突中，漢莎同盟擊敗丹麥國王瓦爾德瑪四世（King Valdemar IV），隨即下令拆了這座城堡，終於消除長久以來的眼中釘。在舊城堡被摧毀後，於廢墟的上方直接興建「哥本哈根城堡」成為新據點。第二階段的新城堡規模更顯壯觀，入口處不但設有堅固的塔樓，城牆外圍還有50公尺寬的護城河所環繞，防禦功能升級了許多。

　　直到15世紀艾瑞克國王從主教那篡奪哥本哈根之後，城堡歸屬於丹麥王室所擁有，此後城堡就不斷地擴建，變成國王的住所和行政中心。接下來的歷任君王都有參與整修的工程，入口處的兩側也增建了監獄式的塔樓。在1720年，腓特烈四世（Frederick IV）完全重建這座城堡，然而因為過度增建和年代久遠的影響，城堡的牆壁逐漸龜裂倒塌，導致繼任的國王克里斯蒂安六世（King Christian VI）得重新打造一座城堡。

　　目前的克里斯蒂安堡宮於1907～1928年間所重建，外觀採用鋼筋混凝土和花崗岩的外牆，以巴洛克式的風格呈現，壯麗的設計包括豪華的主宮殿、表演場地、馬廄和教堂，是當時北歐地區規模最宏偉的宮殿。如今，丹麥的議會、最高法院及總理府這三個政府部門都設立於此，登上塔樓頂端的景觀台，還能夠眺望整個市區的絕佳景觀。

入口處廊柱的大力士雕像顯得非常氣派

克里斯蒂安堡宮
地址：PrinsJørgensGård 1, 1218 København
交通：搭乘地鐵紅線（M3）或藍線（M4）在 Kongens Nytorv站下車，綠線（M1）或黃線（M2）在Nørreport站下車，再步行前往；搭公車 2A、31、37號在GammelStrand站下車，再步行約2分鐘；從中央車站步行前往，約15分鐘
網址：https://kongeligeslotte.dk/
時間：3～10月10:00～17:00，週一休；4～6月&9月每天10:00～17:00；7～8月每天10:00～18:00，售票處於休館前半小時關閉
價位：博物館聯票，成人DKK175、學生DKK155、18歲以下兒童免費

阿馬林堡宮

　　丹麥君主制度傳襲至今已經有上千年的歷史，是世界上最古老的王室。因此來到哥本哈根，當然不能錯過王室象徵的阿馬林堡宮（Amalienborg）。這幾座宮殿興建於18世紀，由四棟外觀相同的古典建築環繞著八角形廣場；偌大的廣場中央矗立著弗雷德里克五世（Frederik V）的騎馬雕像，被認為是世界上最生動的雕像之一。從廣場向外延伸，和腓特列教堂（Frederiks Kirke）及阿馬林花園（Amaliehaven）連成一直線，整體看起來展現了宏偉霸氣的氛圍。

　　原本這幾座宮殿是海軍學院的所在地，可是1794年王室所居住的克里斯蒂安堡宮發生火災，自那時起王室成員便收購了這裡，搬遷到阿馬林堡宮居住。四座建築依照歷任國王的名字命名為克里斯蒂安七世皇宮（Christian VII's Palace）、克里斯蒂安八世皇宮（Christian VIII's Palace）、費德瑞克八世皇宮（Frederick VIII's Palace）和克里斯蒂安九世皇宮（Christian IX's Palace）。

　　現今，克里斯蒂安七世和八世的宮殿，以博物館的型態開放給大眾參觀。屋內原本是華麗的洛可可裝飾風格，然而隨著時間的變遷，陸續添加了近代元素的家具及擺設，但是依稀能感受到當年丹麥王室的高尚居住品味。至於位在東北側的費德瑞克八世皇宮，目前則為女王陛下的住所，每當屋頂上的國旗升起時，就表示女王人在皇宮裡面。

1
3
2

1.宮殿外的衛兵
2.皇家衛兵從羅森堡帶隊到這裡進行交接儀式
3.腓特列教堂和廣場中央的雕像連成一直線

計畫參觀阿馬林堡宮，最好安排在接近中午的時間，可以順便欣賞到衛兵交接的儀式。自皇室入住之後，宮殿的門口便有衛兵站崗。每天早上11:30，皇家衛兵會從羅森堡（Rosenborg Castle）出發，沿著市區的街道浩浩蕩蕩地帶隊到這裡，進行衛兵交接的儀式。看著每位穿著華麗服裝的衛兵，聽著口令一絲不苟地執行動作，他們豪邁颯爽的英姿實在是非常有看頭。

腓特列教堂又稱為大理石教堂

阿馬林堡宮
地址：Amalienborg Slotsplads 5, 1257 København
交通：搭乘地鐵紅線（M3）在Marble Church站下車，再步行約5分鐘；搭23號公車在Amalienborg站下車，再步行約2分鐘
網址：http://www.kongernessamling.dk/amalienborg/
時間：11:00～16:00／17:00（開放時間依月份調整），售票處於15:30關閉
價位：成人DKK120、學生DKK78、18歲以下兒童免費

羅森堡城堡

這座紅磚色的羅森堡城堡（Rosenborg Castle）位於羅森堡公園（Kongens Have）旁邊，最初於1606年建造的時候，被用來當作避暑和狩獵的行宮，因此規劃了佔地廣闊的林地，是丹麥最古老的皇室花園。後來在克里斯蒂安堡宮被燒毀、英國進攻的「哥本哈根戰役」（Battle of Copenhagen）期間，丹麥王室二度緊急遷移到此避難，短暫的成為王室的住所。

羅森堡宮周圍被河道環繞

綠意盎然的羅森堡公園

　　羅森堡城堡參考荷蘭文藝復興的風格來打造，又融入丹麥本地的建築特色，形成獨樹一幟的模樣。內部除了展示許多圖畫及貴族的家具之外，牆壁的精緻浮雕更是美輪美奐。尤其是位於三樓的長廳（Long Hall），曾經是皇家的接待室和宴會廳，天花板正中央還懸掛著丹麥徽章，是整棟屋子最吸睛的焦點所在。

羅森堡宮的長廳，天花板上有丹麥徽章

羅森堡城堡
地址：Øster Voldgade 4A, 1350 København
交通：搭乘地鐵綠線（M1）或黃線（M2）在Nørreport站下車，再步行約5分鐘；搭6A、184、185號公車在Georg Brandes Plads, Parkmuseerne（Øster Voldgade）站下車，再步行約2分鐘
網址：http://www.kongernessamling.dk/rosenborg/
時間：10:00～16:00／17:00（開放時間依月份調整），售票處於15:40關閉，每週一、1/2、12/24、12/25、12/31休館
價位：成人DKK130、學生DKK84、18歲以下兒童免費
阿馬林堡宮&羅森堡聯票：成人DKK200／學生DKK140（聯票無法線上購買）

圓塔

　　在1642年竣工的圓塔（Rundetaarn），位於熙來攘往的徒步商業區內，是哥本哈根最有特色的景點之一；外觀古老的磚砌建築和周邊琳瑯滿目的商家相形之下，顯得格外的突兀，讓人很難不注意到它的存在。當年國王克里斯蒂安四世下令建造這座圓塔的目的，是作為觀測星象的天文台使用。

　　數年後，和圓塔連在一起的三位一體教堂（Trinitatis Kirke）隨著落成，並將教堂樓上規劃成大學圖書館，但是圓塔和教堂並無實質的關聯。為了方便讓馬車載著儀器到塔頂及運送書籍前往圖書館，圓塔裡面設計成寬敞的迴旋狀通道，而不是一般的階梯型態，每年也都會在這裡舉辦單輪車競賽。如今，遊客可以爬上35公尺高的眺望台，來欣賞舊城區的景觀。

圓塔的外牆有國王題字的鍍金字體

圓塔
地址：Rundetaarn Købmagergade 52A, 1150København
交通：搭乘地鐵綠線（M1）、黃線（M2）或是火車在Nørreport站下車，再步行約5分鐘
網址：https://www.rundetaarn.dk//
時間：4～9月每天10:00～20:00；3～10月每天10:00～18:00，週二～三10:00～21:00；1/1、12/24、12/25休息，售票處於15:30關閉
價位：成人DKK40、5～15歲兒童DKK10、5歲以下免費（6/27～8/9期間有半價折扣）
附註：現場購買門票收丹麥克朗、歐元或信用卡，也可以線上購票

數百年來，新港就林立著酒吧和餐廳

新港

　要説哥本哈根最具代表性的景點，絕對是新港
（Nyhavn）了。這裡是國王克里斯蒂安五世在17
世紀時所下令建造的河道，當年渡輪從海上返回港
口時，船隻會停泊在岸邊卸下漁獲和貨品，並連繫
城內的國王廣場（Kongens Nytorv）。在中世紀的
時候，新港地區是一處熱鬧的碼頭，河岸旁五顏六
色的房屋底下開著一間間的酒吧，到處是飲酒尋歡
的水手和賣淫女子。

國王廣場上的舊涼亭，現在是咖啡廳

隨著遠洋渡輪的噸位不斷增加，碼頭無法接納大型的船隻入港，新港的地位逐漸地邁入沒落。直到70年代後期，市長在這裡設置老船和港口博物館，並規劃行人徒步區，徹底將新港改頭換面，打造成一處觀光景點。許多丹麥電影曾經來此取景拍攝，包括2015年上映的《丹麥女孩》，主角便是居住在新港的彩色房屋。所以大家有機會來訪的話，會有種似曾相似的熟悉感。

新港北岸一整排色彩繽紛的房屋比鄰而立

新港
交通：搭乘地鐵綠線（M1）、黃線（M2）、紅線（M3）
在國王廣場（Kongens Nytorv）站下車，再步行約5分鐘

小美人魚雕像

矗立於港口的美人魚雕像（Den Lille Havfrue），是哥本哈根指標性的象徵，不過許多人親眼見到後其實都頗為失望，因為就是一尊僅有125公分高的「小」雕像。在1913年，丹麥啤酒廠商聘請雕塑家愛德華・艾利克森（Edvard Eriksen）所創作，他根據著名童話故事《小美人魚》為藍圖，依自己妻子的身型打造了這尊雕像，隨後並贈送給市政府當禮物。然而坐在石頭上的美人魚雕像，命運卻一點都不平靜，屢屢成為示威者破壞的目標。雕像的頭部曾多次被斬首，手也曾經被切斷過。

雕像旁邊的卡斯特雷特（Kastellet）堡壘公園

美人魚雕像其實很小

小美人魚雕像
交通：搭乘27號公車在Indiakaj站下車，再步行約5分鐘

蒂沃利花園

　　如果是帶著小孩一起來到哥本哈根旅遊，那麼非得安排來造訪火車站旁邊的蒂沃利花園（Tivoli Gardens）。因為這裡不僅是單純看風景的花園，還是結合遊樂設施的主題樂園，不論大人或兒童都會玩到流連忘返。這裡早在1843年就開幕營業，是世界上歷史第二悠久的樂園，每年都有數百萬遊客慕名而來。究竟是有什麼樣的魔力，能夠讓人們如此著迷？

　　原來蒂沃利花園不只提供刺激性的遊樂設施，整座園區的設計和規畫也非常用心。充滿異國風味的建築和街道上可愛的裝飾，彷彿是置身於故事書裡的氛圍，滿足大家從小對於童話的憧憬；園內各式各樣的餐廳及咖啡店，玩累了隨時有地方能坐下來休息。乘坐小火車穿梭於花園間，或是在湖上悠閒地划著小船，營造出像天方夜譚的夢幻天地，都忘了是在哥本哈根的鬧區呢！

蒂沃利花園因其悠久的歷史而聞名

樂園內很像童話場景

樂園的雲霄飛車

蒂沃利花園
地址：Vesterbrogade 3, 1630 København
交通：從火車站步行前往約5分鐘
網址：https://www.tivoli.dk/
時間：週日～四11:00～23:00、週五～六11:00～24:00／夏季、冬季營業時間不同，萬聖節和聖誕節也會開放
價位：週一～五，8歲以上DKK155、3～7歲DKK70、3歲以下免費；週六～日，8歲以上DKK165、3～7歲DKK70、3歲以下免費，這門票不包括遊樂設施的費用
附註：如果想要購買無限次的遊樂設施，可以上官網訂購，網路票有折扣優惠

餐廳充滿異國風味的氣氛

餐廳推薦

Mormors咖啡館

　　餐廳名稱Mormors是指「祖母」的意思，雖然規模不大，但是店內簡單的桌椅擺設和櫥櫃的裝飾，流露著懷舊溫馨的風格，彷彿是在自己家裡那般的輕鬆自在。提供簡單的三明治和糕點，適合來這裡休息片刻，吃早餐或輕食類的點心。

好像在家裡用餐的環境

地址：Bredgade 45, 1260 København
交通：搭乘地鐵紅線（M3）在Marble Church站下車，再步行約3分鐘；自阿馬林堡宮步行前往約3分鐘
網址：http://mormors.dk/
時間：週一～五8:30～17:00、週六～日10:00～17:00

清爽的三明治

餐廳的典雅裝潢

Restaurant Vita

　　這家餐廳的前身是王室藥局，在1669年成立時是哥本哈根最古老的藥房，直到1977年才改為經營餐廳，所以房屋非常具有歷史性。餐廳提供傳統的美味丹麥料理，內部裝飾非常古典雅致，從天花板、廊柱的裝飾和垂降的吊燈，都保留了原始的風貌。

地址：Store Kongensgade 25,1264 København
交通：搭乘地鐵紅線（M3）在Marble Church站下車，再步行約4分鐘；自阿馬林堡宮步行前往約5分鐘
網址：https://restaurantvita.dk/
時間：週一～二11:30～13:00、週三～四11:30～15:00、週五～六11:30～17:00、週日11:30～23:00
價位：丹麥綜合套餐DDK149
附註：建議事先上網訂位

傳統的丹麥菜餚

特色美食

歐洲也有7-11

　　在歐洲地區看到熟悉的小7，相信每個人都會覺得很感動。目前歐洲只有丹麥、瑞典和挪威有7-11的蹤影，其中以丹麥的數量最多。不過國外小7販售的商品完全跟台灣不一樣，但還是很值得去逛逛，尤其販售串燒、甜點、三明治和飲料等食物，對於旅途中想買小點心充飢的人來說很方便。

3天2夜的行程規劃

Day 1

（步行）市政廳 ▶（步行）克里斯蒂安堡宮 ▶（步行）舊股票交易中心 ▶（步行）國王廣場 ▶（步行）新港 ▶（步行）市區購物逛街 ▶（步行或搭車）蒂沃利花園

Magasin Du Nord是哥本哈根著名的百貨公司

　　利用早上的時間參觀哥本哈根最重要的行政中心克里斯蒂安堡宮，然後步行到國王廣場在新港旁邊的餐廳享用午餐。休息片刻後，搭車到火車站旁邊的蒂沃利花園，或是到市區逛街購物。

Day 2

（地鐵或步行）腓特列教堂 ▶（步行）
阿馬林堡宮 ▶（步行）Mormors咖啡館 ▶
（步行）羅森堡公園 ▶（步行）羅森堡城
堡 ▶（火車或公車）卡斯特雷特堡壘&小
美人魚雕像

　　用完早餐後悠閒地去參觀腓特列教
堂，大約11:30前散步到阿馬林堡宮，等
候衛兵交接的儀式。午餐休息片刻，下
午造訪羅森堡公園及城堡，傍晚時分前
往港口區參觀美人魚雕像。

從阿馬林堡宮的廣場面向腓特列教堂

商業徒步區的Højbro廣場

Day 3

（步行）圓塔 ▶（步行）舊城商業區

　　這天早上造訪圓塔後，安排在市區購物逛
街，往下個目的地出發。

北歐的水都

斯德哥爾摩
Stockholm

- 基本語言：瑞典語
- 通用貨幣：瑞典克朗Swedish krona
- 城市人口：約160萬人
- 推薦指數：★★★★
- 交通方式：從台灣沒有航班直飛斯德哥爾摩，必須經由第三地轉機。可搭乘荷蘭航空，經由阿姆斯特丹轉機、阿聯酋航空在杜拜轉機、泰國航空在曼谷轉機，華航在倫敦或法蘭克福，維也納轉機，航程約16～19小時左右。

OLD
TOWN
GIFTS

斯德哥爾摩舊城區

斯德哥爾摩由許多島嶼和橋樑所串連起來

瑞典・**斯德哥爾摩**

【從機場前往市區的交通圖解】：

1. 火車：在阿蘭達機場（Arlanda Airport）領完行李出關後，去自動售票機購買車票，搭乘機場快線（Arlanda Express）到市區的中央車站，車程約18分鐘。尖峰時間10分鐘有一班車，離峰時間（晚上）則30分鐘一班。可以事先上網購票。

2. 公車：自機場搭乘彩虹巴士（Flygbussarna）前往中央車站，每10～30分鐘發車，車程約50分鐘。車票比火車便宜許多，適合經濟型的旅客。車票可上網或下載Flygbussarna的APP購買。

【前往斯德哥爾摩的市區交通】：

1. 從斯德哥爾摩機場往返市區最便捷的方式，就是搭乘機場快線Arlanda Express。成人單程票320SEK、來回600SEK；18～25歲青年單程票160SEK、來回320SEK；65歲以上單程票210SEK、來回420SEK；7歲以下免費。8～17歲兒童跟26歲以上的成人同行免費，如果沒有成人同行則須購買青年票。
   一次購買多張票有額外的折扣，成人票：2張420SEK、3張520SEK、4張620SEK。可事先上網購票。彩虹巴士的成人單程票價為129SEK、8～17歲兒童119SEK，每名成人可免費攜帶8歲以下的兒童同行。
   ・Arlanda Express：https://www.arlandaexpress.com
   ・彩虹巴士網站：https://www.flygbussarna.se/

2. 斯德哥爾摩市區的SL交通儲值卡（SL Access smart card）類似悠遊卡，基本的卡費為20SEK，可以搭乘包括地鐵、公車、電車和渡輪等大眾交通工具。24小時票價：成人SEK165、優惠票（未滿20歲&65歲以上的年長票）SEK110；72小時票價：成人SEK330、優惠票SEK220；7天票：成人SEK430、優惠票SEK290。24和72小時的票卡，也能直接從手機的APP購買，搜尋SL-Journey planner and tickets即可。SL卡不記名，可以轉讓給他人，但是每次只限一人使用。
   更多的資訊請參考官網：https://sl.se/en/

斯德哥爾摩的中央火車站

提到北歐的瑞典，大家會聯想到什麼？便宜又頗有設計感的IKEA家具、平價服飾品牌H&M、頭上掛著花圈慶祝仲夏節的居民、可以大啖鯡魚或龍蝦等海鮮的國度，還是ABBA合唱團？以上都是這國家給世人的基本聯想。若要說瑞典最有代表性的地方，那麼絕對是第一大城兼首都斯德哥爾摩。這個城市自古以來就是瑞典的行政中心，由14座小島和1座半島所組成，彼此間以70幾座橋樑串聯起來，宛如蛛網密佈的水鄉澤國，因而有「北歐的威尼斯」稱號。

市政廳

於1923年落成的市政廳（Stadshus），現在依然是政府和議會的行政中心，每年的諾貝爾獎晚宴都是在這裡舉行，是斯德哥爾摩非常重要的一棟地標。當年在興建的時候，由知名建築師拉格納·歐斯特伯（Ragnar Östberg）從眾多的競爭者中脫穎而出，他參考義大利文藝復興時期的宮殿，並在建造期間多次修改草圖，最終設計出這座民族浪漫主義風格的建築。

市政廳樓下的拱廊

紅磚色的市政廳和醒目的鐘塔　　　鐘塔頂端有三片金色皇冠　　　從鐘樓上眺望舊城區

　　市政廳紅磚色的外觀非常顯眼，分為四合院的方形結構和角落筆直的鐘樓。一柱擎天的鐘樓高達106公尺，裡面除了規劃成展覽館之外，上方還安置9座銅鐘，最大的甚至有3000公斤重，每到整點會鳴起響徹雲霄的報時鐘聲，即使在遠處都能聽見。鐘樓的頂端，設有三片象徵瑞典的鍍金皇冠。遊客可以搭乘電梯到塔樓中間，再沿著樓梯爬到戶外景觀台，欣賞斯德哥爾摩360度的絕佳美景。

　　至於市政廳內部的廳堂，每間都呈現獨具匠心的裝飾風格。走進最熱門的黃金廳（Golden Hall）裡，映入眼簾的是黃金和玻璃所拼貼而成的馬賽克壁畫，耀眼奪目的畫作描繪瑞典數千年來的歷史典故，讓人看了嘆為觀止。擺滿了桌椅的議會廳（Council Chamber），是議員們商討政策的房間，還設有旁聽的座席。其他諸如拱廊廳（The Vault of the Hundred）、掛滿壁毯的橢圓廳（Oval Room）、王子畫廊（Prince's Gallery）等等，盡顯露唯美華麗的特色。

市政廳
地址：Hantverkargatan 1, 111 52 Stockholm
交通：自中央火車站步行前往約8分鐘；搭乘3、53號公車在Stadshuset站下車
網址：https://cityhall.stockholm/
時間：市政廳每天10:00～14:00。塔樓5～9月，其他月份不開放
價位：市政廳--成人140SEK、學生&年長120SEK、7～19歲60SEK、6歲以下免費。塔樓--成人90SEK、18歲以下兒童免費。
附註：市政廳和塔樓的門票都僅限當天現場購票，無法提早預約，建議大家一早就來排隊買票（售票處8:30開放）。參觀市政廳內部得跟著導覽團，並且途中禁止觸摸任何物品或坐在家具上，除了橢圓廳禁止使用閃光燈，其他地方都可以使用。

舊城區的房屋

夜晚的舊城區

舊城區

　　由城島（Stadsholmen）、騎士島（Riddarholmen）、聖靈島（Helgeandsholmen）及水流城堡（Strömsborg）所組成的舊城區（Gamla Stan），位於市中心的獨立島嶼上。一千多年前，瑞典的皇室原本定居在錫格圖納（Sigtuna）這座小鎮。後來，因為遭受來自芬蘭的卡瑞利安人（Karelians）和愛沙尼亞人所襲擊，情急之下的首領帶著居民們逃命，一群人抱著木頭往南漂流，來到今日斯德哥爾摩的舊城區上岸，在此建立了新的家園，而成為這城市的發源地。

國會大廈

　　瑞典的國會大廈（Riksdagshuset）於1905年落成，大約佔地半個聖靈島的面積。原先半圓形的那一側為國家銀行的所在地，至於相連的方形那邊才是國會；直到70年代銀行遷出後，整棟建築全部歸為國會的立法機構所擁有。它的外觀呈現簡單俐落的新古典主義色彩，立面拱門上的精緻雕刻則顯露新巴洛克式的風格，低調中又能凸顯華麗的建築美學。

曾經是國家銀行的所在地

> **國會大廈**
> 地址：Riksgatan 1, 100 12 Stockholm
> 交通：自中央火車站步行前往約10分鐘；搭乘
> 57、65號公車在Gustav Adolf storg站下車
> 網址：https://www.riksdagen.se/

大門精美的巴洛克雕刻

龐德宮

　　龐德宮（Bondeska palatset）這間白色的宮殿式樓房，17世紀時是瑞典財政部長古斯塔夫‧龐德（Gustaf Bonde）的私人宅邸，為當時帝國盛世的代表性建築。龐德宮結合法式巴洛克及文藝復興的特點，正面設計山形牆的造型和整排對稱的大窗戶，藉由自然光線讓室內的採光明亮；廊柱間則以緞帶狀花彩和羅馬皇帝肖像的雕刻裝飾，顯得氣派非凡。直到1730年被政府收購後，這裡曾經短暫當作最高法院使用，目前被列為國家級的歷史古蹟。

龐德宮
地址：Riddarhustorget 8, 111 28 Stockholm
交通：自中央火車站步行前往約10分鐘；
搭乘3、53號公車在Riddarhustorget站下車

富麗堂皇的龐德宮

騎士之家

　　在中世紀的瑞典，由貴族、牧師、資產階級和農民所組成的莊園機構，是國王底下權力最高的組織。17～19世紀期間，這棟樓房是莊園議會的所在地，功能類似現今的國會。當時，騎士是貴族中位階比較高的身分，有時甚至同時擁有多個頭銜，因此這棟樓房又被稱為「貴族之家」。直到1866年，新的國會取代莊園議會，國家大事正式由政府所掌管；至於原本的莊園演變成私人組織，繼續維護並保存瑞典貴族的傳統文化。

貴族之家南面的雕像，為16世紀瑞典國王古斯塔夫‧瓦薩（Gustav Vasa）

騎士之家 Riddarhuset
地址：Riddarhustorget 10, 111 28 Stockholm
交通：自中央火車站步行前往約10分鐘；搭乘3、53號公車在Riddarhustorget站下車
網址：https://www.riddarhuset.se/
時間：週一～五11:00～12:00（大規模翻新，2023年秋季～2024年不開放）
價位：成人60SEK、學生&年長40SEK

摸乳巷

　　這條巷弄最窄處僅90公分，號稱本地的摸乳巷（Mårten Trotzigs Gränd）。隨著階梯往巷弄內走進去，泛黃的牆壁盡是隨興的塗鴉，頭頂上懸掛著幾盞老舊的街燈，感覺就像是防火巷一般。原本這條街被稱為階梯巷弄（Trappegrenden），在16世紀時有位來自德國的商人Mårten Trotzigs，買下巷子內的房子，並開店經營販售銅、鐵的生意，逐漸發跡成為斯德哥爾摩的富商，後來這條巷子就以他的名字來命名。

斯德哥爾摩最狹窄的巷弄

大廣場

　　穿越石板街道來到舊城區核心的大廣場（Stortorget），周圍林立著百年的斑駁老屋。整排五顏六色的房屋底下，開滿了餐廳和露天咖啡座，從早到晚都是遊客如織的盛況。廣場上最宏偉的建築物是諾貝爾博物館（Nobelmuseet），在1998年之前是斯德哥爾摩的證券交易大樓，後來於諾貝爾獎一百周年的時候，改成博物館的型態對外開放。目前，博物館內設立有關科學、攝影和戲劇等多元化的展覽。

大廣場是舊城區的中心

　　位於西側的18和20號屋子，早在15世紀時就存在了，這裡曾經是國王秘書的住所，裡裡外外都散發出中世紀的氛圍。正面的美麗山形牆設計，凸顯當時貴族奢華的表徵；20號門楣上方的扁牌，引用聖經裡的字句題字，並在周圍添加浮雕的裝飾，是非常有味道的中世紀樓房。

廣場西側的樓房底下是露天咖啡座

諾貝爾博物館

諾貝爾博物館
地址：Stortorget 2, 103 16 Stockholm
交通：自中央火車站步行前往約15分鐘；搭乘地鐵到Gamla Stan站下車，再步行約8分鐘
網址：https://nobelprizemuseum.se/
時間：6～8月每天10:00～19:00（週五~21:00）／9～5月週一休、週二～四11:00～17:00、週五11:00～21:00、週六～日11:00～17:00（4～5月週六～日10:00～18:00）
價位：成人140SEK、學生&年長100SEK、18歲以下免費

圓塔的外牆有國王題字的鍍金字體

大教堂

　　雖然歷史學家無法證實它確切的建造年代，不過大教堂（Storkyrkan）早在1279年就已經出現於文獻記載中，被視為斯德哥爾摩最古老的教堂。自中世紀開始，大教堂主要的守護神就是聖尼可拉，直到宗教改革的時候，許多關於天主教的雕像和裝飾被損毀。教堂目前的外觀，為20世紀時整修後的模樣，但是內部的柱子仍然保留早期紅磚的原貌；紅磚的廊柱和聖喬治的屠龍雕像（Saint George and the Dragon），成為教堂最具特色參觀重點。

皇宮和前方的廣場

西翼拱廊前方擺放著大砲

皇宮

　　原本，皇宮（Kungliga slottet）只是一座防禦型的堡壘，直到17世紀瑞典國王計畫將它改建成皇室宅邸，召來多位當時知名的建築師和藝術家參與設計。在1697年，城堡發生了大火，於是在拆除舊有的斷壁殘骸後，才打造出這座歐洲規模最大的皇室宮殿。宮殿的主體方正嚴謹，左右對稱的結構和精細的壁柱雕刻，呈現古羅馬的巴洛克式風格，卻又保留了原本堡壘的文藝復興色彩，巧妙地將兩者融為一體。

　　如今的宮殿內，總房間數超過六百間，包括皇家公寓、禮拜堂和博物館，展示關於皇宮的歷史典故和內部裝飾。自1523年起，國王便成立皇家守衛隊，來巡邏並維護城市的安全。演變到今日，衛兵的換崗和遊行隊伍，成為非常受歡迎的觀光活動。每天中午時分，在西翼環狀拱廊前方的廣場上，英姿挺拔的衛兵們會在這裡進行交接儀式，吸引大批遊客前來欣賞。

皇宮
地址：Slottsbacken 1, 111 30 Stockholm
交通：中央火車站步行前往約15分鐘；搭乘57、65號公車在Gustav Adolfs torg站下車，再步行約7分鐘
網址：https://www.kungligaslotten.se/
時間：夏季週一～五10:00～16:00、週六～日休；9～11月每天10:00～16:00
價位：成人170SEK、7～17歲85SEK、7歲以下免費（5～9月成人190SEK、7～17歲95SEK）

衛兵交接儀式

賽格爾廣場

斯德哥爾摩最熱鬧的商圈，就是賽格爾廣場（Sergels torg）周邊的範圍，不管白天或夜晚，這裡總是聚集熙熙攘攘的人潮。廣場上層的噴泉圓環，是主要街道的交會處，整天都是車水馬龍的繁忙景象。圓環中央直指天際的玻璃紀念碑，白天看似普通，然而一到夜幕低垂之際，點亮燈之後的紀念碑，在黑暗中化身成一束發亮的水晶柱，顯得非常耀眼奪目。廣場下層規劃為露天的行人徒步區，地面上以灰白交錯的三角形圖樣裝飾，許多大型集會活動經常在此舉辦，是聯繫舊城區和商業區的交通樞紐。

廣場下層是行人徒步區

圓環上37公尺高的紀念碑

賽格爾廣場
地址：Sergelstorg, 111 57 Stockholm
交通：自中央火車站步行前往約7分鐘

音樂廳

於1926年落成的音樂廳（Konserthus），藍色外牆和氣勢宏偉的廊柱，成為市區最著名的建築物之一。前方栩栩如生的青銅雕像，他是希臘神話中擅長演奏豎琴的奧菲拉（Orpheus），為瑞典知名雕塑家卡爾·米勒斯（Carl Milles）的作品，充分展現力與美的寓意。每年這裡舉辦了許多場重要的音樂會，包括爵士樂、管弦樂隊及諾貝爾獎頒獎典禮，也是斯德哥爾摩皇家愛樂樂團的所在地。

從賽格爾廣場往音樂廳途中的徒步商圈（右上的藍色建築物就是音樂廳）

音樂廳前方的雕像

地址：Hötorget 8, 103 87 Stockholm
交通：自中央火車站步行前往約10分鐘；搭乘地鐵在Hötorget站下車；搭乘1、57號公車在Hötorget站下車
網址：https://www.konserthuset.se/

讓人驚豔的地鐵站

斯德哥爾摩的地鐵不光是交通工具，這些從地下岩石開鑿的地鐵站，結合原本的岩層景觀和藝術創作，彷彿就是藏在地下的藏寶庫，有馬賽克的拼貼磁磚、有奇形怪狀的雕塑像、有彩繪的岩石洞穴，甚至還有整面牆寫滿了歷史典故。因此大家有機會來造訪這個城市，絕對要安排時間參觀如博物館的地鐵站。以下便是幾處有特色的地鐵站：

國王花園站

於1977年落成的國王花園站（Kungsträdgården）位在地下34公尺深，站內擺放著許多50～60年代出土的古老文物。地板採用誇張的紅、白、綠交錯條紋，車站內的牆壁有裝飾雕像，並保留天然的岩石峭壁，上面的青苔和真菌類是世界上僅有的種類。

中央站

中央站（T-Centralen）是斯德哥爾摩最重要的地鐵站，不但是三條地鐵的交會處，還是中央火車站的所在地。當初在開鑿地鐵站時，牆壁和天花板依照原本山洞的岩壁成形，以藍、白色的顏料彩繪於岩石上，包括藤蔓樹枝的花紋和工人的圖案，就是為了紀念興建地鐵的工作人員。

市政廳站

市政廳站（Rådhuset）在1975年完工，是斯德哥爾摩第四深的車站。跟其他車站一樣，這站也是以裸露的岩石為最人特色，咖啡色的色系更像是天然的洞穴。

索爾納中心

索爾納中心（Solna Centrum）距離斯德哥爾摩市區約5公里，站外設有大型的索爾納購物中心。站內的岩壁底色以紅、綠搭配，紅色象徵夕陽、綠色則代表森林的背景，並畫上農舍等其他細節的場景，表達瑞典70年代的農村和砍伐等社會問題。

瑞瑟站

雖然瑞瑟站（Rissne）牆壁沒有誇張的顏色裝飾，但是用簡單的文字敘述和地圖的方式來呈現，描繪瑞典自西元前3000年到1980年代間的歷史演變。乘客在搭車的時候，還能趁機溫習一下國家的歷史故事呢！

歐斯特瑪室內市集

想要品嚐傳統的瑞典美食，那麼來一趟歐斯特瑪室內市集（Östermalms Saluhall）就可以了。這座市集自1888年就開張營業，古典的紅磚色傳統建築非常有特色。市集在經歷多年的整修翻新後，於2020年才重新開幕。如今裡面進駐了規劃整齊又乾淨的攤位，琳瑯滿目的麵包、海鮮及蔬果，還有各式各樣的餐廳和咖啡店，大家記得一定要空腹前來才能大快朵頤。

販售新鮮蔬果的攤位

許多人會來市集用餐

市集內賣的新鮮生蠔（1顆35SEK）

歐斯特瑪室內市集
地址：Östermalmstorg,114 39 Stockholm
交通：搭乘地鐵到Östermalmstorg站下車，再步行約8分鐘；搭乘54號公車在Östermalmstorg站下車，再步行約3分鐘
網址：https://en.ostermalmshallen.se/
時間：週一～五9:30～19:00、週六9:30～17:00，週日休

特色美食

公主蛋糕 Prinsesstårta

　　這款瑞典的傳統蛋糕，最早出現於卡爾親王（Prince Carl）女兒的老師所出版食譜書裡面，因為深受公主們的喜愛，才被命名為公主蛋糕。蛋糕表面包覆著一層綠色的糖皮，所以辨識度很高；裡面則是奶油和鬆軟的海綿蛋糕，有的內餡還會加水果或果醬，愛吃甜食的人應該都會喜歡。

瑞典肉丸 Köttbullar

　　據說瑞典肉丸的由來，是瑞典國王查理七世（King Charles XII）在18世紀初從土耳其帶回來的食譜。這份以牛絞肉混合豬肉、麵包粉、洋蔥、胡椒及鹽巴等調味料所製成的肉丸，因為世界各地的IKEA家具店餐廳都有販售，而成為最受大家青睞的瑞典美食。

3天2夜的行程規劃

Day 1

（地鐵或步行）市政廳 ▶（步行）賽格爾廣場
▶（步行）商業區逛街 ▶（步行）音樂廳

　　一大早去市政廳買票，參觀高塔和市政廳內
估計要抓半天的時間。中午可以在火車站附近
用餐，休息過後下午步行到賽格爾廣場，接著
前往音樂廳和附近的商圈逛街購物。

從市政廳廣場眺望對岸的聖靈島

Day 2

（地鐵或步行）國會大廈 ▶（步行）龐德
宮 ▶（步行）騎士之家 ▶（步行）摸乳巷
▶（步行）大廣場 ▶（步行）教堂 ▶（步
行）皇宮

　　今天的行程都在舊城區，以步行的方式
來參觀所有的景點即可。

國會大廈的外觀

Day 3

（地鐵）參觀地鐵站 ▶（地鐵）
歐斯特瑪室內市集 ▶（步行）商
圈購物逛街

　　這天用完早餐後，安排搭乘
地鐵參觀地鐵站，中午前往室內
市集用餐，之後在附近的商圈逛
街。

音樂廳附近的商圈

中古世紀的城市

塔林
Tallinn

- 基本語言：愛沙尼亞語
- 通用貨幣：歐元
- 城市人口：約132萬人
- 推薦指數：★★★★★
- 交通方式：從台灣沒有航班直飛塔林，必須經由第三地轉機。可搭乘荷蘭航空，經由阿姆斯特丹轉機、土耳其航空在伊斯坦堡轉機、長榮航空在維也納轉機、華航前往法蘭克福或維也納轉機，航程約17～19小時左右。

塔林舊城散發著濃厚的中世紀氛圍

　　愛沙尼亞的首都塔林，也許不是歐洲熱門的旅遊城市，但是把它列為這輩子一定要造訪的地方絕對是無庸置疑。這座歷史悠久的古城，早在5000年前就有人們定居在此，長久以來是俄羅斯和歐洲貿易的主要交通路線，扮演著重要戰略地位的角色。塔林曾經隸屬漢莎同盟的成員，又分別被丹麥、瑞典和俄國統治過，因此舊城裡建築融合多元文化的色彩，是一處景致瑰麗的中世紀城鎮。

塔林的機場不大，離市區又近

愛沙尼亞・**塔林**

【從機場前往市區的交通圖解】：

1. 電車：從塔林機場（Lennart Meri Tallinn Airport）外搭乘4號電車，約20～25分鐘抵達市區（舊城區在Viru站下車），每天早上5:30運行到半夜。車票可以上車或是在機器購買，單程票價2€。
2. 公車：從機場搭手扶梯到最下層，轉搭巴士前往市區。距離舊城區最近的站是A. Laikmaa，車程約20～25分鐘。車票可上車或是在機器購買，單程票價2€。
3. 計程車：塔林機場離市區約4公里，機場出口便有計程車，到市區單程約10€左右。

【前往塔林的市區交通】：
塔林的機場距離市區很近，搭地鐵、公車或計程車都方便，而且愛沙尼亞的治安算是安全，人民的英文程度普遍很好，不論搭計程車或是大眾交通都不用太擔心。

・交通網站：https://transport.tallinn.ee/

圖皮亞

　　圖皮亞（Toompea）位於一塊突起的石灰岩平台，又被稱為「座堂山」。由於擁有居高臨下的地形優勢，成為塔林舊城區最早發展的據點。13世紀時，丹麥國王率兵攻占塔林之後，便在這裡建造城堡和教堂，做為防禦性的軍事要塞，貴族和神職人員也跟隨搬遷到此處居住；至於平民則住在下城，也就是目前塔林的舊城區。即使多年來經歷數次政權的轉移，這裡始終是塔林的權力中心，因此保存許多有歷史性的建築。

圖皮亞地區位於突起的山丘平台

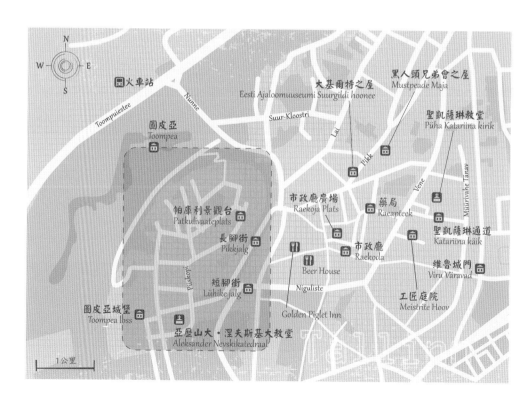

長腳街&短腳街

　　長腳街（Pikk jalg）和短腳街（Lühike jalg）這兩
條路徑，自古就聯繫下城區和圖皮亞之間的交通。
鋪著石板的長腳街，入口處有座塔門的造型，當時
為了讓騎士、馬車和貨車方便往返，所以路面設計
成比較寬敞的街道。興建於13世紀的短腳街，簡
單來說就是一條小階梯。在中古世紀時，短腳街是
銅匠和鎖匠匯集的地方，曾經是人聲鼎沸的熱鬧區
域，商人也會經由街梯將貨品運往上城販售。雖然
這兩條街道的景觀大相逕庭，不過它們都見證了塔
林數百年的歷史演變。

長腳街的入口有座塔門

晚上打燈後的長腳街

短腳街是條階梯

亞歷山大・涅夫斯基大教堂

　　始建於1894年的亞歷山大・涅夫斯基大教堂（Aleksander Nevskikatedraal），由沙皇亞歷山大三世下令打造，象徵著19世紀俄國掌控波羅的海地區的權威。教堂最吸睛的部分，就是宛如一顆顆冰淇淋球狀的圓頂，看起來像童話故事書裡的翻版。每個圓頂上方都立著鍍金的十字架，圓頂的下方，則設置了大小不一的鐘塔。華麗又氣派的教堂，呈現出典型俄國東正教教堂的風格。

　　雖然教堂的造型非常精美，但是過去老一輩的居民並不喜歡它的存在。他們不接受的理由，據說因為教堂就蓋在愛沙尼亞傳奇人物卡列夫（Kalev）的墳墓上，這對於他們心目中的英雄是大不敬。另外一項因素，這座教堂代表著愛沙尼亞被俄國同化，即使教堂建得美輪美奐，但是洋溢俄羅斯味道的建築顯得跟市容格格不入，所以未曾讓當地民眾打從心裡認同。

美輪美奐的教堂

> **亞歷山大・涅夫斯基大教堂**
> 地址：Lossi plats 10, 10130 Tallinn
> 交通：從市政廳廣場沿著長腳街或短腳街步行前往，大約8分鐘腳程
> 網址：http://tallinnanevskikatedraal.eu/

目前為國會的圖皮亞城堡

> **圖皮亞城堡**
> 地址：Lossi plats 1a, 10137 Tallinn
> 交通：從市政廳廣場沿著長腳街或短腳街步行前往，大約8分鐘腳程
> 網址：https://www.riigikogu.ee/

圖皮亞城堡

　　大教堂對面的粉紅色建築物曾經是圖皮亞城堡（Toompea loss），如今是愛沙尼亞國會的所在地。13世紀丹麥入侵塔林時，在這裡建造一座堡壘，為城堡最早的雛形。後來，城堡被宗教團體：十字軍條頓騎士團（Teutonic Order）所接管，他們將城堡改建成修道院的型態，包括小教堂、騎士宿舍和塔樓等等。直到瑞典統治期間，再將城堡整修為現今巴洛克式的樣貌，自此才成為塔林的行政中心。

從景觀台可以看到漂亮的城牆景觀（下午拍攝才順光）

帕庫利景觀台

居高臨下的景觀台

從景觀台旁邊的階梯走下去，可以通往城牆外

位於圖皮亞盡頭的帕庫利景觀台（Patkulivaateplats），能夠從高處眺望塔林的城牆。在歐洲眾多的中世紀古城當中，塔林的城牆不但美觀，還保持得相當完善。由紅磚瓦塔樓所串起的城牆，猶如佇立的守衛，數百年來牢固地保衛著舊城區。在天際的遠方還隱約能看見緊鄰波羅的海的港口，海天一色的壯闊景觀，媲美一幅美麗的畫。在1903年，景觀台旁增建了階梯，讓遊客可以直接通往舊城外圍，近距離欣賞壯觀的城牆。

市政廳廣場

　　自從1404年落成後，廣場（Raekoja Plats）和市政廳（Raekoda）一直是舊城區的核心，本地所有重要的活動皆在這裡舉行，包括中世紀節慶和聖誕市集。每年的夏季時分，廣場上搭建了舞台，載歌載舞的表演吸引絡繹不絕的人潮佇足欣賞；到了飄雪的寒冬，琳瑯滿目的攤位和閃爍發亮的聖誕樹，營造溫馨濃厚的過節氣氛，不管任何季節都是城市的焦點所在。如今，廣場的周圍開設各種風味的餐廳，櫛比鱗次的露天咖啡廳總是高朋滿座。

廣場周邊開滿了餐廳和露天咖啡座

市政廳

　　這棟北歐地區最古老的市政廳（Raekoda），外觀有著傾斜挑高的山形牆，連接一座細長的鐘塔，是道地的哥德式建築特色；噴火龍造型的雨漏，兼具實用和裝飾的功能。尖塔的部份，因為模仿回教清真寺的風格所設計，因此和歐洲傳統的教堂鐘塔顯得不太一樣。鐘塔頂端自1530年就安置風向針，針上的老湯瑪斯（Vana Toomas）銅像是塔林的象徵，扮演著市區守護神的角色。

市政廳的山形牆和細長尖塔

從鐘塔頂端鳥瞰市政廳廣場

市政廳
地址：Raekoja plats 1, 10114 Tallinn
交通：從Viru城門步行過來，大約5分鐘腳程
網址：http://raekoda.tallinn.ee/
時間：市政廳9～6月週一至五10:00～16:00。6/26～8/31週一至四11:00～18:00、週五至日11:00～16:00（8/20關閉）需要事先寫email到 raekoda@tallinnlv.ee洽詢。塔樓：6/1～8/31每天11:00～18:00。9/1～10/15週六日11:00～16:00（6/23、6/24、8/20關閉）
價位：市政廳，成人5€、學生3€；塔樓，成人4€、19歲以下2€，售票處於塔樓底下

古色古香的藥局內部

藥局的招牌

藥局

隔著廣場和市政廳相對的藥局（Raeapteek），為歐洲目前仍在營業當中最古老的藥局，雖然它開業的確切時間無法追朔，但是估計最早在1422年就已經存在。古代這間藥局以販售自製的特殊秘方聞名，包括蛇皮藥酒、獨角獸的藥粉、木乃伊藥水和杏仁糖等等，連俄國沙皇都會定期向他們訂購藥品。目前藥局最裡面的房間規劃成展覽館，陳設古代的醫療設備及文獻。

地址：Raekoja plats 11, 10146 Tallinn
網址：http://raeapteek.ee/
時間：週一～六10:00～18:00

中世紀節慶Tallinna Vanalinna Päevad

自從1982年起，塔林每年都會舉辦中世紀節慶，主要的活動地點就是市政廳廣場周邊的地區。這項年度最重要的盛會，總是吸引絡繹不絕的人潮前來共襄盛舉，各式各樣的攤位、傳統的音樂和舞蹈、仿中世紀的搏鬥競賽及戲劇表演，彷彿是穿越時光回到數百年前的光景。被列為世界遺產的舊城區，頓時間充滿熱鬧繽紛的氣息，還能讓大家認識塔林的歷史和文化。

傳統的舞蹈表演

仿中世紀的搏鬥競賽

Tallinna Vanalinna Päevad
地址：市政廳廣場周邊的舊城區
網址：https://vanalinnapaevad.ee/
時間：每年6月份（日期依網路公布為主，2024年6月是7～9日）

聖誕市集

　　跟歐洲其他知名城市相較下，塔林的聖誕市集規模不算大，但絕對是最美的之一。在1441年聖誕節前夕，黑人頭兄弟會將自家屋子內擺放的聖誕樹搬到市政廳廣場，這群人圍繞著樹歡唱跳舞，一同來慶祝這個特殊的日子。演變到今日，成為市政廳廣場上擺放聖誕樹的傳統。在飄著雪花的凜冽冬日，攤位錯落有致地散佈於廣場上，在周圍童話故事般房屋的襯托下，到處閃爍著聖誕燈飾點綴下，營造出非常夢幻的聖誕節氣氛。

位於市政廳廣場的聖誕市集　　　　塔林自15世紀就有在廣場擺放聖誕樹的傳統

聖誕市集
地址：市政廳廣場
時間：每年11月中～1月初

維魯城門

　　中古世紀的塔林舊城，自1265年就建造城牆和城門，曾經擁有46座塔樓和8座可以進出的城門，在14世紀時又擴建鞏固其防禦性，現今仍然能感受其壯觀的模樣。當時的居民得全副武裝站哨，輪流擔任起守衛的任務。如今只剩下這座維魯城門（Viru Väravad）還保留下來，除非有特殊的許可，否則搭車前來舊城的人，都得在這座城門外下車再步行進去，因此維魯城門也就變成目前進入舊城區的主要入口。

晚上打燈後的城門更漂亮

非常有特色的聖凱薩琳通道

街道牆面掛著墓碑

聖凱薩琳通道

　　聖凱薩琳通道（Katariina käik）這條古老又狹窄的石板巷弄，上方覆著紅磚瓦的橫樑來支撐兩側的房屋，懷舊的氛圍成為塔林舊城裡非常有味道的一條街道。在13世紀時，當圖皮亞被丹麥人所佔領後，僧侶們便移居到這裡建立聖凱薩琳教堂（Püha Katariina kirik）及修道院。通道毗鄰教堂南側的牆面上，懸掛著14～15世紀的墓碑，也是這條街道的特色之一。

工匠庭院

　　這座隱藏在巷弄裡的工匠庭院（Meistrite Hoov），古代聚集許多工匠在此製作手工藝品，吸引人們前來參觀和選購。即使數百年來物換星移，佈滿鵝軟石的庭院依然矗立著斑駁的老屋，走進每扇木門裡面，仍舊有許多家販售手工紀念品的小店和咖啡店。如此有特色的小庭院宛如是城市裡的桃花源，飄逸著寧靜的氣息，吸引許多人喜歡來這小天地喝咖啡，看著周圍藤蔓攀附在石砌的牆上，感受一下古老的氛圍。

庭院的露天咖啡座

工匠庭院
地址：Vene 6, 10123 Tallinn
網址：http://www.hoov.ee/
時間：10:00～18:00

大基爾特之屋

塔林的大基爾特商人公會成立於1325年，只有事業成功、地位顯赫的富商才夠資格加入成為公會成員，進而晉升當地的政治官員或民意代表。這間建於1410年左右的大基爾特之屋（Eesti Ajaloomuuseumi Suurgildi hoone），便是中古世紀時商人公會的所在地，作為聚會活動和舉辦婚禮等用途。立面傾斜的三角形山形牆，是哥德式晚期的建築風格，自從建造以來幾乎就維持原狀；至於老舊的橡木門上，掛著兩個刻有拉丁文的青銅圓環，象徵上帝保佑這屋子裡的人，也是值得欣賞的重點。

哥德式風格的大基爾特之屋

> **大基爾特之屋**
> **地址**：Pikk 17, 10123 Tallinn
> **交通**：從市政廳廣場步行過來，大約3分鐘腳程
> **網址**：https://www.ajaloomuuseum.ee/
> **時間**：週三～日10:00～18:00。特殊國定假日休息
> **價位**：成人12€、學生&老年8€、家庭票24€、8歲以下兒童免費

黑人頭兄弟會之屋

在14到20世紀初期，黑人頭兄弟會是一個活躍於波羅的海地區的商業組織，因為他們的守護者是黑臉聖摩里斯（Saint Maurice），才會有此稱謂，連代表的徽章都是一個小黑人的標誌。這群由未婚商人、船東和外國人所組成的團體，因為身分地位還無法加入大基爾特商人公會，於是自己成立黑人頭兄弟會。參加的會員們必須出席日常聚會，以學習貿易和熟悉商業技能，並參與巡邏城市的任務。

這間房屋在1517年被黑人頭兄弟會所收購，聘請荷蘭知名建築師Arent Passer進行整修的工作，並取名為黑人頭兄弟會之屋（Mustpeade Maja）。他採用文藝復興的風格來重建，大門周邊以石雕的裝飾環繞，綠色門板上的彩繪裝飾和黑人頭圖樣，從那時就一直保存至今日。後來，黑人頭兄弟會之家又收購緊鄰的兩棟房屋，裡面改建成多個大廳，許多音樂會或是宴會都在這裡舉辦。

入口處的大門非常漂亮

> **黑人頭兄弟會之屋**
> **地址**：Pikk 26, 10133 Tallinn
> **交通**：從市政廳廣場步行過來，大約4分鐘腳程
> **網址**：https://www.filharmoonia.ee/mustpeademaja

餐廳推薦

餐廳居家簡單的裝飾風格

Golden Piglet Inn

　　出國旅遊當然得品嚐當地菜，才能算真正的體會到當地文化。這間餐廳的裝飾風格溫馨簡單，提供傳統的愛沙尼亞料理，都是流傳好幾代的祖傳食譜，口味真的道地又好吃，而且價位平易近人。

份量很大的豬腳套餐

地址：Dunkri 8, 10123 Tallinn
交通：自市政廳廣場步行前往約2分鐘
網址：https://www.hotelstpetersbourg.com/restaurant/golden-piglet-inn/
時間：每天12:00～23:00
價位：主菜一個人約20～25€

Beer House

　　這家啤酒屋是愛沙尼亞唯一的啤酒廠餐廳，採用奧地利麥芽和德國酵母來發酵，提供多款自家釀造的啤酒，尤其蜂蜜口味（Medovar Honey）超好喝。餐廳夏天的時候提供戶外露台區，讓顧客坐在路邊盡情暢飲，室內則採用德式木製啤酒屋的裝潢風格，非常有特色。餐廳還供應烤雞翅、薯條或主食等餐點，可以搭配喝啤酒的小點心。

這間啤酒屋非常受各國遊客歡迎

地址：Dunkri 5, 10123 Tallinn
交通：自市政廳廣場步行前往約2分鐘
網址：https://restaurantvita.dk/
時間：週日～四13:00～23:30、週五～六13:00～24:00
價位：1公升約10～12€
附註：http://www.beerhouse.ee/

特色美食&伴手禮

炒杏仁 Almonds

在塔林街頭，有幾家賣炒杏仁的攤位（在市政廳附近），包括蒜味、辣味或甜的等多種口味，Ricky推薦大家可以買蒜味的來吃看看，會讓你一口接著一口！

麵包湯 Leivasupp

麵包湯其實不是湯類，而是甜點的一種。上面抹著一層厚厚的奶油，底下的部份則是由黑麥麵包、肉桂、葡萄乾及果汁等原料做成的咖啡色糕狀物。只是這道愛沙尼亞非常聞名的傳統甜點，味道有點像中藥一樣，帶點些許苦澀的口感。

琥珀 Amber

波羅的海沿岸盛產琥珀，是世界上最大量的產地，不論是金黃透明或是深如咖啡的色澤都非常漂亮，在塔林街頭能看到許多販賣琥珀飾品的店家。雖然有的路邊攤也會賣琥珀，但是建議大家進去店家購買比較有保障。

二天一夜的行程規劃

Day 1

（步行）維魯城門 ▶（步行）市政廳廣場 ▶
（步行）短腳街 ▶（步行）圖皮亞城堡 ▶（步
行）亞歷山大‧涅夫斯基大教堂 ▶（步行）帕
庫利景觀台 ▶（步行）長腳街 ▶（步行）大基
爾特之屋 ▶（步行）黑人頭兄弟會之屋 ▶（步
行）市政廳藥局 ▶（步行）工匠庭院 ▶（步
行）聖凱薩琳通道

　　塔林的市區不大，大約安排一個整天，步
行就可以參觀完所有的景點。

非常熱鬧的市政廳廣場

芬蘭赫爾辛基的港口

Day 2

（渡輪）赫爾辛基一日遊

　　塔林搭渡輪到芬蘭的赫爾辛基大約2～2.5小
時的船程，許多遊客會安排一日遊。
　　渡輪網址：https://www.vikingline.com/

威尼斯
Venice
悠悠的水都情懷

- 基本語言：義大利語
- 通用貨幣：歐元
- 城市人口：約6萬多人
- 推薦指數：★★★★★
- 交通方式：由米蘭中央火車站（Milano Centrale）搭EC或ES快車前往威尼斯聖露西亞火車站（Stazione di S. Lucia），車程約2小時35分，需要事先訂位。

　　威尼斯位於義大利東北部，瀕臨亞德里亞海（Adriatico）。嚴格來說，威尼斯市區既不是建在陸地上，也不是在於海中，而是介於兩者之間的潟湖群島。由於地利之便，威尼斯在中古時期就是連繫歐洲和東方的橋樑，因此很快地發展成繁榮的貿易中心。除了絡繹不絕的商業活動之外，當時鼎盛的軍力及純熟的造船技術，將威尼斯推上地中海霸主的地位。

　　在新航路發現後，西歐各國的海權紛紛興起，威尼斯的光環才逐漸地褪去。雖然它的哀落有種功成身退的感傷，不過威尼斯的傲人風采卻絲毫不減，大運河（Canal Grande）兩岸的舊式豪宅、金碧輝煌的教堂、蜿蜒於市區的水道，都是威尼斯曾經有過興盛歲月的最佳寫照。如今威尼斯不但是熱門的旅遊景點，迷幻的景色更是大家心目中浪漫的象徵。

義大利・**威尼斯**

【 **威尼斯市區的交通票券** 】：http://actv.avmspa.it/
威尼斯市區不大，建議住在里亞多橋附近會比較方便，如果計畫搭乘水上巴士的旅客，可以考慮購買威尼斯的公共船票，在渡輪碼頭有自動售票機或是人工售票窗口，搭船前要先在機器感應，票券才算生效。
威尼斯單程的船票為9.5€，75分鐘之內有效。基本上買1到多天的會比較划算。1天的船票25€、2天35€、3天45€、7天65€，旅客可以在自動售票機或售票窗口購買。

威尼斯是屬於潟湖群島

大運河兩岸林立著許多舊豪宅

河水蔓延的幸福角落

「我家門前有小河」，用來形容威尼斯是最貼切不過了。眼尖的你一定會發現，威尼斯沒有櫛比鱗次的高樓大廈，也看不到任何車輛。即使開車對我們來說是習以為常，可是來到威尼斯卻只能走路或是搭船出門。這裡的水道猶如天羅地網，蔓延在城市的各角落；即使某些河道很狹窄，對於當地的民眾而言，開船就好像開車一樣地駕輕就熟。

交錯複雜的運河和曲折的巷弄，把威尼斯打造成迷宮一般，經常走過一條街後，又冒出數條小徑。若不是每個轉角處都有標示牌，外地人可能會被搞到暈頭轉向吧！建於河道兩旁的老房子，雖然稱不上是「危樓」，但是在脫落水泥下所露出的紅磚塊，足以看見無情歲月所遺留的痕跡。古屋、流水、拱橋、小船，如此詩意的景觀就是威尼斯街頭的特殊畫面。這樣悠閒的組合，讓我覺得住在這裡是多麼地幸福啊！

跟著轉角處的指標走，就不會迷路了

威尼斯到處都是蜿蜒的河道

威尼斯市遍佈斑駁的古屋

聖傑瑞米亞教堂 San Geremia

賭場 Casino di Venezia

史卡濟橋 Ponte degli Scalzi

黃金宮 Ca' d'Oro

聖露西亞火車站 Stazione di S. Lucia

史卡濟教堂 Chiesa di Scalzi

佩沙羅宮 Ca' Pesaro

漁市場 Mercato del Pesce

羅馬廣場 Piazza Roma

里亞多橋 Ponte di Rialto

大運河 Canal Grande

羅雷丹宮 Ca' Loredan & 法塞提宮 Ca' Farsetti

聖馬可大教堂 Basilica di San Marco

嘆息橋 Ponte dei Sospiri

聖馬可廣場 Piazza San Marco

總督府 Palazzo Ducale

雄獅小廣場 Piazzetta

學院橋 Ponte dell'Accademia

安康聖母大教堂 Basilica di Santa Maria della Salute

200 m

227

停靠在聖馬可廣場旁的貢多拉

威尼斯的特色船隻：貢多拉

　　河道遍佈的威尼斯，「船」當然成為最重要的交通工具。威尼斯有各種不同的船，搭載乘客的公共渡輪、運送商品的貨櫃船、按表跳價的計程船、還有消防船、警船等五花八門的船隻，而且連載垃圾的垃圾船也會出現在運河上。在眾多的船隻當中，最有特色又具代表性的當然就是俗稱鳳尾船的「貢多拉」（Gondola）。

認識貢多拉

　　在11世紀時，威尼斯總共有超過1萬艘貢多拉，是數量最頂盛的時期。當時貢多拉是貴族們用來炫耀財富及地位的方式之一，因此每一艘船都裝飾地非常奢華動人，從坐墊的布料、點綴的絲綢、船身的雕刻，每處小細節無不經過精巧的設計。現今扁平的黑色船身，依然沿襲往日的豔麗風格，卻淪為搭載觀光客的賺錢工具了。

每逢漲潮水位升高的時候，穿越拱橋下的貢多拉會容易撞到橋身，所以每艘船頭有一把像銀色尖刀翹起的地方，那是用來測量船身和橋的距離，看看是否能夠順利穿越橋下的基準。至於船上的椅墊，通常採用典雅復古的風格，搭配華麗的絨布和鮮艷的花紋，讓整艘貢多拉散發著高貴又浪漫的氣息。來到威尼斯的各位，尤其是情侶們絕對要體驗一下貢多拉的魅力。

正常的情況下，一艘貢多拉最多可搭載6名乘客（註1），但是我認為不要坐到那麼擁擠，會比較舒適又不失情調。威尼斯的貢多拉有公定價位，正常一艘船的行情是「30～40分鐘左右的行程，約100€」。不同地點所搭乘的貢多拉，行駛的路線也不一樣（註2），通常上船前可以先跟船伕討論一下遊走的路線，這樣比較保險妥當。

1.裝飾華麗的貢多拉原本是貴族們財富的象徵
2.貢多拉船身的裝飾
3.貢多拉船頭用來測量船身和橋距離的尖刀

1 2 3

註1：為了安全起見，通常一艘貢多拉最多可以搭載6名乘客，不過威尼斯有一種專門運送民眾往來大運河兩岸的貢多拉（在漁市場旁），稱為traghetto gondola，一次可以載差不多十名乘客，而且還得站著。這種船搭一次要價2€。

註2：走在威尼斯的大街小巷，隨處都可以看到搭乘貢多拉的地方。不過我建議最好不要在聖馬可廣場旁的大運河搭乘，因為這邊靠近出海口，又有許多汽船往來，強勁的水波會造成貢多拉晃動得很嚴重（除非你喜歡刺激一點）。若是走一般的小水道，會經過許多住家的後門、小橋，整體的氣氛比較特別。

貢多拉初體驗

　　跟船伕談好價位和路線後，便開始我們貢多拉的處女航。這邊的船伕清一色都是男士，有身材健美的壯漢、有蓄鬍的義大利帥哥、有戴墨鏡的型男、也有一臉稚氣的小男生。當然挑一個賞心悅目的船伕，坐起來應該會覺得更興奮吧！不過說老實話，船伕都站在船尾划船，所以根本也看不到幾眼。

　　坐上貢多拉之後，我發現居然是如此地貼近河水，涓涓水流就在伸手可及的距離。雖然水質並不清澈，也曾經聽說夏天的河水會散發著臭味，不過我認為並沒有傳言中的那麼誇張，至少還能正常地呼吸沒問題，否則坐在船上可就一點都不浪漫。當貢多拉隨著流水緩緩地划出去之際，周遭的環境似乎變得好寧靜，彷彿一切事物都凝結不動，只聽得到木槳划水的潺潺水聲。

　　船伕一邊划著船一邊和我們聊天，同時介紹沿途中的重要景點。由於貢多拉左右的船身並不對稱，所以坐起來稍微有斜斜的感覺。貢多拉行駛中倒是很平穩，不會讓遊客擔心有翻船的危機（如果這個時候滿腦子都提心吊膽地在想翻船的模樣，應該很煞風景吧）。

　　貢多拉沿著小水道前進著，經過古色古香的民宅、穿越一座座拱形的小橋，有時候還會跟其他的貢多拉擦身而過。不論是坐在貢多拉上的乘客，還是站在橋上觀看的民眾，大家看起來總是非常開心愉悅，即使是不認識的陌生人，也會彼此相視微笑，甚至揮手打聲招呼，看得出來每個人都很享受貢多拉所帶來的美好時光。

貢多拉也會出現塞船的情況

條紋狀的衣物是貢多拉船伕的特色

各水道間要遵循交通號誌

來威尼斯一定要體驗的貢多拉　　船伕利用蹬牆的方式來控制船的方向

河道中的交通標誌

　　如果你認為這些貢多拉只是隨隨便便地划行，那可就錯了。威尼斯大大小小的水道，都設有船專用的交通標誌。因此船伕在划船的時候，是需要遵守「水上交通規則」，否則也會有撞船的意外發生。某些水道甚至有寬度的限制，若是船身太寬的船就禁止進入，還有限定最高時速5公里的標示牌！

　　當貢多拉太靠近河道旁的房舍時，站在船尾部的船伕就會伸腳往牆上蹬一下，讓船回到河道中並順利地前進；若是要轉彎前，船伕會先喊一聲「歐-咿」，來提醒前方的船隻注意。每天傍晚時分，因為天氣比較涼爽，是遊客們都選擇搭乘貢多拉的尖峰時段，容易出現交通阻塞的「塞船」情況。

漫遊威尼斯的景點

　　萬一大家在7～8月的夏季來到威尼斯，那麼我會建議趁一大早或是傍晚才出門吧！如果說白天的威尼斯是打扮雍容華麗的貴婦，那麼清晨的她便是脂粉未施的純情少女。早晨的時候，天氣比較舒適涼快，街上也少了人山人海的觀光客，這時更能夠讓人們放慢腳步，恣意地欣賞威尼斯寧靜的風采。

大運河是威尼斯最繁忙、也最重要的河道

猶如水上巴士的公共渡輪

威尼斯ACTV公共渡輪

網址：http://www.actv.it/

交通：詳細的渡輪行駛路線圖可自網站上查詢

時間：5:00～24:00

價位：單程票為9.5€，75分鐘內有效。每位乘客只能攜帶一件大行李，若是超過一件大行李需要另外付費。1天通票25€、2天通票35€、3天通票45€、7天通票65€。使用前要先到機器前感應才能生效，通票的時間從第一次機器感應算起（這種票不包括從機場到市區之間的使用）。

公共渡輪的售票窗口

天氣舒爽的春、秋兩季

　　整體來說，夏天的威尼斯氣候相當悶熱又潮溼，在豔陽下走沒幾步就滿身大汗。自己流汗還不打緊，最恐怖的是要跟別人貼身擠在船上的時候，從他人身上飄過來的各種汗臭味，那才叫做人間煉獄啊！可是冬天的威尼斯，不但會冷到飄著白雪，更經常因高漲的海水而氾濫成災，因此最適合旅遊威尼斯的時候，就是天氣涼爽的春、秋兩季。

也可以自行到機器買船票

貫穿威尼斯的主要河道：大運河

　　大運河（Canal Grande）好比是貫穿威尼斯的大動脈，它不但是最繁忙，也是最重要的一條河道，更同時串聯起其他小河間的溝通橋樑。參觀運河兩岸所遺留下來的不同時期風格建築物，彷彿是走進一場時光隧道的歷史回顧，如果你想一網打盡威尼斯的各大景點，來趟大運河之旅就足夠了。

上船前記得要先感應船票

大運河兩岸沿線上的景點（由火車站往聖馬可廣場的方向前進）

羅馬廣場

羅馬廣場

　　由於威尼斯的住宿昂貴，許多人會選擇住在附近的Mestre，再轉搭公車前往威尼斯。不論是搭公車或自己開車前往威尼斯，車輛最多只能行駛到羅馬廣場（Piazza Roma）這一站，接著就要搭船進入威尼斯市區。因此羅馬廣場是搭公車進入威尼斯的第一個門戶。

聖露西亞火車站

聖露西亞火車站 （左邊）

　　如果你是搭火車前來威尼斯，那麼就會抵達聖露西亞火車站（Stazione di S. Lucia）。興建於西元1860年代的火車站，連繫威尼斯對外的主要交通要道，每年大約有8萬人次經由這裡進出威尼斯，比全市的居民人口數還多，扮演相當重要的交通樞紐功能。

史卡濟教堂（左邊）

與建於17世紀的史卡濟教堂（Chiesa di Scalzi），外牆覆以華麗的雕塑聖像點綴著，為典型的巴洛克裝飾風格，離火車站僅幾步之遙的距離。教堂的正前方就是繁忙的Ferrovi水上巴士站及史卡濟橋（Ponte degli Scalzi），這裡也成為來到威尼斯的觀光客們必定會經過的景點。

史卡濟教堂

聖傑瑞米亞教堂（左邊）

在這裡的原址，最早在西元11世紀就已經建立聖傑瑞米亞教堂（San Geremia），目前的教堂是後來又經過多次修建的模樣。搭渡輪經過的時候，那一柱擎天的紅磚瓦鐘塔絕對會是大家的焦點所在。

聖傑瑞米亞教堂

賭場

賭場 Casino di Venezia（左邊）

於1638年就開始營業的威尼斯賭場，當地人又稱它為Ca' Vendramin Calergi，數百年來都是威尼斯最重要的國際社交場所之一。德國的知名音樂家「華格那」（Richard Wagner），便是在這裡發生心臟病去逝。

佩沙羅宮 （右邊）

佩沙羅宮（Ca' Pesaro）以白色大理石打造而成的巴洛克風豪宅，是17世紀的時候由當地的望族「佩沙羅家族」所建造，正面以凸出外牆的雙柱式裝飾，盡顯露出豪華與氣派的風範，目前內部房間以現代藝術博物館的型態對外開放。

佩沙羅宮
網站：http://capesaro.visitmuve.it/
地址：Santa Croce 2076, 30135 Venezia
時間：4～10月10:00～18:00，11～3月10:00～17:00，售票處會提早一個小時關閉。1/1、12/25及每週一休館
交通：搭乘水上巴士1號渡輪至S. Stae下船，再步行約5分鐘
價位：成人15€，6～14歲兒童&15～25歲學生12€，5歲以下免費

佩沙羅宮

黃金宮

黃金宮 （左邊）

「Ca」（唸成「卡」）是義大利文「家、房子」（casa）一字的縮寫，由字面上翻譯就是黃金屋（Ca' d'Oro）的意思。這間建於西元1428～1430年間的豪宅，屬於哥德式的建築風格，因為當時在興建的時候，房屋的外觀還覆以金箔，整個奢華的程度幾乎可以比擬皇宮，才有黃金宮的稱號。

> **黃金宮**
> **網站**：http://www.cadoro.org/
> **時間**：週二～日10:00～19:00；每週一、1/1、5/1及12/25休館
> **交通**：搭乘水上巴士1號渡輪至Ca' d'Oro下船
> **價位**：7€、18～25歲歐洲公民3€、歐洲的老師及學生免費（須持有相關證件）

漁市場 （左邊）

紅磚建築的漁市場（Mercato del Pesce），在每個星期二～六期間的早上，供應最新鮮的漁獲和蔬果，雖然市場內瀰漫著海鮮的腥臭味，卻是深入體驗當地人生活文化的不二法門（於241頁有更詳細的介紹）。

漁市場

里亞多橋

里亞多橋

里亞多橋（Ponte di Rialto）大約剛好處於大運河的中間位置，在12世紀的時候原本是一座木橋，後來因為附近的商家爆增，舊的木橋不能承受這麼多的負荷量，才開始計畫興建新的橋樑。目前的石橋便是仿照舊橋的外形去打造，於西元1591年完工（於240頁有更詳細的介紹）。

羅雷丹宮&法塞提宮（左邊）

羅雷丹宮（Ca' Loredan）& 法塞提宮（Ca' Farsetti）間緊鄰一起的房子距離里亞多橋不遠，不僅建造的年份相近、設計風格也相仿，都屬於傳統威尼斯-拜占庭式的豪宅，同樣建於西元12～13世紀期間。

羅雷丹宮（照片中）&法塞提宮（照片右）

學院橋

學院橋（Ponte dell'Accademia）是橫跨大運河的四座橋樑之一，緊鄰於學院美術館（Accademia）的旁邊。這座建於1933年的橋，以造型特殊的拱形肋骨外觀著稱，成為威尼斯非常有特色的景點。

學院橋

安康聖母大教堂（右邊）

「Salute」一字在義大利文中有「身體安康、健康」的含意，當年建造這間華麗的安康聖母大教堂（Basilica di Santa Maria della Salute），主要是為了紀念蔓延的瘟疫得以控制，這場浩劫奪走了威尼斯將近三分之一居民的性命，從教堂的名稱便能窺知它的用意。

安康聖母大教堂

聖馬可廣場（左邊）

聖馬可廣場（Piazza San Marco）是大運河的終點，由於接近入海口處，因此這一區的水流也比較湍急。這座廣場的周圍，匯集了許多威尼斯著名的地標，包括聖馬可大教堂（Basilica di San Marco）、雄獅小廣場（Piazzetta）、鐘樓（Campanile）、總督府（Palazzo Ducale）等熱門景點（於242頁有更詳細的介紹）。

聖馬可廣場

璀璨的明珠：里亞多橋

威尼斯大大小小的橋樑加起來總共超過4百座，其中最熱門、知名度最高的就屬「里亞多橋」（Ponte di Rialto）。建於16世紀的里亞多橋，橫越於大運河最窄處的上方，整座橋樑採用白色大理石的建材，流露著一股高貴典雅的氣息。橋面上則是整排販售紀念品的小店家，若是不仔細看，根本不知道自己正走在橋上呢！

隨著階梯走到橋的最高處，是欣賞大運河的最佳地點之一。運河兩岸插滿了一根根參差不齊的木樁，雖然看似有點雜亂，卻絲毫無損威尼斯迷人的丰采。看似寧靜的河面其實卻異常地繁忙，公共渡輪、貨運船、貢多拉等各種船隻來回穿梭著，望著這樣獨一無二的景象，我想每位來訪的觀光客都會流連忘返！

如果想要從不同的角度欣賞里亞多橋，我建議搭船或是走到橋下的運河邊會看得更仔細些。在傍晚落日的夕陽下，橋身呈現出橘黃的迷人色調；晚間時分，白色的橋樑打上燈光後，猶如一顆暗夜裡發光的璀璨明珠。河中往來繁忙的船隻，在兩岸斑駁古老的房舍見證下，不禁遙想起當年這裡曾經有過多麼意氣風光的歲月啊！

里亞多橋
交通：搭乘1、2、N、A（橘色）號渡輪至Rialto站下船
價位：免費

白色的里亞多橋

橋上兩旁的商家

晚間的里亞多橋，宛如黑夜裡的明珠

漁市場只在早上營業

吸引許多觀光客前來的漁市場

海鮮墨魚麵，是威尼斯的特產之一

爭奇鬥豔的蔬果

窺知當地人生活的漁市場

　　走過里亞多橋，約5分鐘的路程便是威尼斯有名的漁市場（Mercato del Pesce）。若是你喜歡逛市集、想要窺知當地人的生活方式，那麼我強力推薦這個漁市場。

　　老實說，對造訪威尼斯的觀光客而言，對買海鮮的需求並不是那麼地高，畢竟大家不會來這邊買食材回飯店煮。不過濱海的威尼斯，海鮮的種類比歐洲其他城市豐富許多，就算你不打算買東西回去下廚，來看看當地販售哪些海產、瞧瞧居民買菜的模樣，也是挺有趣的經驗。

　　由於漁市場只在早上營業（7:30～12:00），所以想來參觀的人一定要趁早。清晨的威尼斯是比較靜謐的悠閒時光，不過沸沸揚揚的漁市場可就不一樣了，當其他的商店還沒開門營業時，這裡的買賣生意已經如火如荼地展開啦！

漁市場
交通：搭乘1或N號渡輪至Mercato站下船，或自里亞多橋步行過去約5分鐘
價位：免費

　　各種千奇百怪的海鮮擺在攤位前，猶如博物館裡的展示品一般，只見每位小販們手忙腳亂地回應客人，嘴裡同時還大聲地嚷嚷，耳邊不斷地傳來市場裡此起彼落的吆喝聲，義大利人豪放不拘的個性在此完全表露無遺。藉由如此充滿活力的早晨，揭開了威尼斯一天的序幕，真是讓人精神振奮。

　　如果你覺得逛漁市場既不能買來現吃，有那麼一點美中不足，那麼緊鄰在旁邊的蔬果市集，也許可以讓大家解解饞。各類新鮮的蔬菜，飽滿的果肉和爭奇鬥豔的色澤，每個人看了必然都垂涎三尺，而且多數商品的價位還頗為公道，不妨買點水果帶在路上吃吧。要提醒各位一點，來逛市集拿相機拍照並沒有問題，可是倘若你不打算買東西，千萬不要伸出鹹豬手去東捏西碰的，老闆們可不喜歡擺在攤位上的商品被遊客這樣摸來摸去。

晚間的聖馬可廣場

最美麗的戶外客廳：聖馬可廣場

在威尼斯眾多的廣場之中，聖馬可廣場（Piazza San Marco）可是排在龍頭的地位，因為它是唯一被稱為Piazza（義大利文大廣場之意）的廣場，其他廣場頂多只能被稱為campo而已。其實大家對於聖馬可廣場並不陌生，因為許多來過威尼斯拍攝的電影或電視劇，都曾經把這裡拍攝入鏡，如《情定日落橋》（A Little Romance）、《007皇家夜總會》（Casino Royale）、《色遇》（The Tourist）等等。

相傳在西元9世紀的時候，威尼斯商人將聖馬可的遺骸自埃及的亞歷山大偷偷地運回到威尼斯，同年威尼斯總督興建了一座華麗的大教堂，以安置聖人的遺體。而教堂和其前方的廣場，也因此命名為聖馬可大教堂（Basilica di San Marco）及聖馬可廣場。

不論白天或是夜晚，偌大的聖馬可廣場上，總是擠滿了成千上萬的人群；有來自世界各地的觀光團，有單獨一人的自助旅行者，當然更少不了兩相依偎的情侶。除了人山人海的觀光客之外，成群結隊的鴿子更是廣場上的常客，你只要拿著一小塊餅乾或是麵包，這些不怕生的鴿子便會蜂擁而至，大搖大擺地停歇在你的身上、手上，好像是寵物一樣呢！

　　除了聖馬可大教堂外，廣場上另一處吸引眾人目光的焦點，就是直指雲霄98公尺高的紅色鐘樓（Campanile）。如果你有足夠的時間，可以搭乘電梯上塔頂，鳥瞰水道遍佈的威尼斯及廣場的全景。至於廣場的周圍，是兩排氣勢豪邁的長型大樓，這棟建築物自古以來就是威尼斯的行政官邸，屬於文藝復興時期的產物。18世紀當拿破崙佔領威尼斯的時候，據說他下令將大樓做為他的私人行宮，還稱讚聖馬可廣場為「歐洲最美麗的客廳」。

鐘樓
時間：夏季3/24～11/6日9:30～21:15、冬季11/7～3/23日9:30～19:15
價位：10€、6歲以下兒童免費

98公尺高的紅色鐘樓

聖馬可教堂的圓頂

聖馬可大教堂
網站：http://www.basilicasanmarco.it/
時間：週一～六9:30～17:15、週日9:30～14:00（只能參觀博物館）
交通：從火車站搭乘水上巴士1、2、51號渡輪至S. Zaccaria Danieli站下船（船程約半小時），再步行約5分鐘，自里亞多橋步行過去約20分鐘
價位：大教堂3€、聖馬可博物館7€、黃金祭壇Pala d'Oro5€
注意事項：1.禁止拉行李和大包包進入 2.內部禁止拍照及攝影 3.禁止穿短褲及無袖上衣進入 4.禁止攜帶寵物入內 5.禁止使用手機

聖馬可廣場旁的雄獅小廣場

經常積水的聖馬可教堂

聖馬可廣場
交通：搭乘水上巴士1、2、N號渡輪至S. Zaccaria Danieli站下船，自里亞多橋步行過去約20分鐘
價位：免費

　　當我正沉醉在周遭的歷史古蹟之際，突然間發現聖馬可大教堂前積了一大灘水，而且水還不斷從地面湧出來。原本我心想是地下水管破裂嗎？後來聽旁邊帶團的導遊解釋説：「聖馬可廣場是威尼斯地勢最低的地方之一，即使是陽光普照的大晴天，只要海水一漲潮，廣場上就會淹水，只是嚴重的程度不一定。」

　　雖然多次在新聞報導看過威尼斯淹水的消息，不過我一直以為威尼斯只有在冬季和下大雨的時候才會淹水，聽到那位導遊這樣講，我才知道原來晴天也是會淹水的。即使聖馬可教堂前淹了水，卻沒有澆息遊客們的興致，有些人便趁機脱下鞋子和襪子，把腳泡在水裡消消暑氣，甚至就當場玩起水來了。

總督府

　　緊鄰在聖馬可教堂旁邊，面向運河的那座宏偉建築物便是總督府（Palazzo Ducale），這棟融合拜占庭、哥德風及回教伊斯蘭色彩的大樓，曾經是威尼斯共和國總督的官邸及行政中心。自西元1923年起，便以博物館的型態對外開放參觀。其中，在三樓的會議大廳裡面，有一幅由丁特瑞多（Tintoretto）所繪製、名為「天堂」（Il Paradiso）的巨幅壁畫，為世界上最大的油畫之一。

　　繞過總督府的正面，是另一處熱門的焦點所在，那就是聯繫總督府和監獄之間的通道：嘆息橋（Ponte dei Sospiri）。這座以石灰石打造而成的橋樑，古代犯人在總督府接受審判之後，便是從這一座橋押到地牢等待行刑，橋身並設有兩扇方形的小窗戶，讓犯人能夠窺見外界的情景。於是詩人「拜倫」（Lord Byron）描述著，當人犯經過這座橋，看見威尼斯美麗的景色時，應該會發出嘆息的懊悔之意，這就是嘆息橋的由來。

嘆息橋

總督府內部

總督府
網站：http://www.visitmuve.it/
時間：4～10月9:00～19:00、11～3月9:00～18:00、12月25日及1月1日關門
交通：從火車站搭乘水上巴士1、2、51號渡輪至S. Zaccaria Danieli站下船（船程約半小時），再步行約2分鐘，自里亞多橋步行過去約25分鐘
價位：威尼斯博物館聯票，成人40€，學生、青年及65歲以上22€

乘風破浪出海去：威尼斯的外島

　　除了上述威尼斯本島的景點之外，附近兩處知名的外島也是不容錯過的重點。渡輪駛出市區的河道之後，便加速在汪洋大海中飛速前進，才幾分鐘的光景，我們已經遠離喧囂繁鬧的威尼斯。在前往慕拉諾（Murano）的途中，碧綠的海面上插著一根根厚實的木樁，引導船隻前進的方向。真的讓人很訝異，沒想到連海上的航道都規劃地這麼完善，果然不負水都的美名。

　　清晨的渡輪上，明顯地少了很多觀光客，卻多一份悠閒自在的情調。雖然船艙內有許多空座位，不過我還是選擇站在甲板上，迎著海風，感受這股振奮人心的朝氣。我喜歡望著與天際相連的大海，看著波濤的海水隱沒在遠方的地平線，那是種壯闊浩瀚的感覺；我也喜愛聆聽海浪的起伏，那種澎湃又規律的節奏，是讓人釋放壓力、放空腦中思緒的天籟美聲。

從威尼斯前往外島的渡輪

寧謐的慕拉諾小島

威尼斯地區的玻璃製品相當有名

玻璃工廠內的情況

如何前往慕拉諾

交通：自總督府旁的S. Zaccaria水上巴士站，搭乘4.1 或4.2號渡輪前往，夏季增開7號線的渡輪

製作玻璃的小島：慕拉諾

在古羅馬帝國時期，義大利就已經開始發展玻璃器皿的工藝，並不斷地吸收其他國家的外來技術。幾世紀之後，各種瑰麗的玻璃製品、精美的玻璃吊燈、五顏六色的玻璃餐具，成為貴族們愛不釋手的日常用品，也促使威尼斯的玻璃工藝遠近馳名。

西元1291年時，為了防止製造玻璃的過程中發生火災，於是威尼斯的共和政府決定將工廠及工人遷移到慕拉諾島（Murano）上，從此改變這座小島的命運，使得原本以捕魚和產鹽的威尼斯外島，搖身一變成為歐洲聞名的玻璃產地。

剛踏上慕拉諾這座小島的第一印象，彷彿來到一處偏僻的村落，除了跟我們同時下船的觀光客之外，島上似乎沒什麼人煙，也不知道要往哪邊走。不過憑我的經驗，跟著大家走應該就沒錯了。沒多久，我們一行人便陸陸續續地來到玻璃工廠的門口。

來到玻璃工廠後，所有觀光客便被引領到工作室參觀。這間製造玻璃的工作室面積不大，看得出來是針對觀光客所設計的，服務人員請大家依序在台階上站好，就像拍畢業照一樣，這樣每個人都能清楚地看到製造玻璃的過程。雖然工作人員在轉眼間就「變」出一塊玻璃雕像，可是我卻覺得做秀的意味十足，不夠真實。

由於我曾經在歐洲其他地方參觀過這樣的玻璃工廠，因此當我再來到慕拉諾島上的這間玻璃工廠，並沒有任何太特別的感覺。離開玻璃工廠後，我們在島上隨便晃了一下，便搭船前往下個島嶼：布拉諾（Burano）。

布拉諾島上的房屋

布拉諾島上的房舍色彩非常繽紛

如何前往布拉諾
交通：自慕拉諾島，搭乘LN號渡輪前
往，兩個島可以安排一天的行程

色彩繽紛的島嶼：布拉諾

說老實話，原本我對於布拉諾（Burano）並沒有抱太大的期望，純粹就是「順路」參觀的心態。也許正因如此，這座美麗的小島反而讓我獲得更多的驚喜。

布拉諾島距離威尼斯約半小時的船程，也是屬於潟湖群島的一部份，以蕾絲編織和可愛的彩色小屋聞名。據說這裡的蕾絲編織，是漁夫的太太們依照修補魚網的方式，所發展出來的工藝技術，後來居然廣受好評，而發展成威尼斯的特產之一；至於島上彩色的小屋，是方便漁夫從海上辨認自己的家，所以才將外牆漆上五花八門的顏色。

河道遍佈的布拉諾島，看起來就像是威尼斯的姊妹，一樣是由拱橋及水道所組成的景觀，不過這裡沒有威尼斯本島的古宅，取而代之的是一間間色彩鮮豔、小巧溫馨的房子。鮮紅、橘黃、淡藍、翠綠，各種不同顏色的房屋，把布拉諾染成一處如彩虹般的島嶼，讓來訪的旅客們眼睛為之一亮。

布拉諾島並不大，隨意遊走在島上都不會迷路。色彩繽紛的房屋前，有許多精巧的小盆栽，停泊在河面的小船，猶如裝飾品一般，為這寧靜的小島增添活潑的生氣。有的住家門前還擺著幾張木椅，我猜想他們在涼爽的傍晚，一定是坐在門口享受微風；不管哪一個角落，這裡都洋溢著純樸的氣息，讓人覺得輕鬆自如。

威尼斯的哀愁

　　或許你跟我一樣,羨慕威尼斯人的居住環境,不過當地居民可能不這麼認為!由於威尼斯建在潟湖群島上,地勢本來就低,因此每逢漲潮的時候,市區便有淹水的危機,再加上近年來抽取地下水導致地層下陷,使得威尼斯的處境更為棘手。因為水患的關係,居民不斷地遷出這個城市,目前只剩下6萬多的民眾居住於此。

　　我曾經在國家地理雜誌中閱讀過一篇報導,「威尼斯一個週末便有8萬人次造訪,遠超過當地居民的數量,這些如飛蝗湧入的觀光客,讓威尼斯飽受觀光氾濫的憂慮。」的確,待在威尼斯的這幾天,我發現觀光客好像比當地的居民還多。威尼斯除了要對抗自然的災害之外,也同時要面對為數眾多觀光客所帶來的威脅,因此如何完善地維護威尼斯的環境,將是相當重要的課題。

威尼斯街上的這些木板,就是淹水時的臨時走道

好吃的食物 & 好買的紀念品

墨魚義大利麵
Spaghetti nero di seppia

每次來到浪漫水都威尼斯，Ricky
一定都要吃的食物就是墨魚麵了。
雖然很多地方都能吃到義大利菜，
不過新鮮又道地的墨魚麵只能在威
尼斯吃到。鮮嫩、細嫩的黑色麵
條，搭配特調墨魚汁熬煮出來的風
味醬料，光是想像就讓人垂涎三尺
啦！除此之外，墨魚汁具有抗癌的
療效，可說是健康又美味的食物。

每次Ricky來到威尼斯必吃的墨魚麵

Ricky的提醒：
在義大利的餐廳用餐時，大多數的店家都會額外
收一筆「餐桌服務費」（coperto），一個人的費
用大約在1～2€之間。如果上酒吧喝咖啡，站著
喝、跟坐在椅子上喝的價位是不一樣，如果想省
錢的人，千萬要留意這些小細節！

嘉年華面具
Maschera di carnevale

在18世紀左右，威尼斯的貴族們外出習慣戴著面具、身穿斗蓬，出席各種社
交場合與慶典活動，因此這樣的裝扮成為威尼斯流傳下來的特殊文化，每年2

月份左右的嘉年華會，便
是沿襲這種穿著打扮的盛
宴。面具的造型，從簡單
樸素到誇張華麗的風格，
有的甚至會插上羽毛等裝
飾，非常具有戲劇化的表
現。面具的價位，從幾歐
元到幾百塊的都有，視品
質的等級而異。

慕拉諾的玻璃製品
Vetro di Murano

威尼斯製造玻璃的工藝技術，流傳到今日已有7百多年之久，幾乎走到哪裡都能看見店家櫥窗擺設著精美的玻璃製品，包括五彩絢麗的吊燈、精雕細琢的花瓶、變換萬千的餐具等家用品。如果你嫌以上的東西太大，不方便攜帶回國，也有項鍊、戒指等較小型的玻璃商品。

精美的玻璃製品

濃度不高的Bellini氣泡甜酒

Bellini氣泡甜酒

在歐洲眾多國家中，義大利的葡萄酒算是相當出名。威尼斯出產的這款Bellini氣泡甜酒算是一種調酒類，用微泡酒（frizzante）、水蜜桃、覆盆莓等果汁所調製而成，所以呈現紅粉色的液體狀，喝起來散發了怡人的水果香味，是非常受歡迎的威尼斯特產之一。

3天2夜的浪漫路線規劃

Day 1

（火車）抵達威尼斯聖露西亞車站 ▶
（步行）史卡濟教堂 ▶（步行）聖傑
瑞米亞教堂 ▶（步行）威尼斯賭場 ▶
（步行）黃金宮 ▶（步行）里亞多橋
▶（步行或渡輪）安康聖母大教堂

　抵達威尼斯後（先去旅館放行
李），沿著大運河兩岸的景點參
觀，若是今天沒打算搭渡輪的人，
可以明天再買船票就好。

里亞多橋上的商家

威尼斯的人家，會把衣服晾在自家門外

Day 2

（渡輪）漁市場 ▶（步行）里亞多橋 ▶
（步行或渡輪）聖馬可廣場 ▶（步行）總
督府 ▶（步行）嘆息橋 ▶（步行）搭貢多
拉

　　把握早上的時間，參觀威尼斯的漁市
場，然後一路逛回里亞多橋，附近有許
多攤位可以選購紀念品，並在這附近吃
午餐。休息片刻後，可以走路（約20分
鐘）或搭渡輪前往聖馬可廣場，聖馬可
教堂、鐘塔、總督府是這一區不能錯過
的重點。

Day 3

（渡輪）慕拉諾小島 ▶（渡輪）布拉諾小
島 ▶（渡輪）火車站 ▶離開威尼斯

　　把握早上的時間，參
觀威尼斯的漁市場，然
後一路逛回里亞多橋，
附近有許多攤位可以選
購紀念品，並在這附近
吃午餐。休息片刻後，
可以走路（約20分鐘）
或搭渡輪前往聖馬可廣
場，聖馬可教堂、鐘
塔、總督府是這一區不
能錯過的重點。

貢多拉及拱橋是威尼斯的特色

熱情洋溢的

里斯本
Lisbon

基本語言：葡萄牙文

通用貨幣：歐元

城市人口：約56萬

推薦指數：★★★★☆

交通方式：台灣沒有直達里斯本的航班，可以搭乘荷蘭航空（KLM）經由阿姆斯特丹轉機，或是華航經由法蘭克福、維也納等地轉機等方式前往。

行駛往阿法瑪區的28號電車

葡萄牙・**里斯本**

【從機場前往里斯本的市區交通圖解】：
1. 如果在歐洲其他國家轉機前往里斯本，抵達里斯本時不會有海關
2. 下飛機後，直接跟著領取行李的指標走，便能抵達領行李的輸送帶
3. 領完行李後，沒有商品需要申報直接走綠色的通道即可
4. 出關後，跟著指標前往搭乘地鐵、公車或是計程車的地方
5. 從機場搭計程車到市區約20€
6. 搭乘地鐵紅線約15分鐘可以抵達市區，單程票為1.65€，使用Viva Viagem 卡免費

【里斯本市區的交通票券】：http://carris.transporteslisboa.pt/
里斯本市區主要的交通票券，有7 Colinas和Viva Viagem兩種，為不同公司所發行，功能都類似悠遊卡。在地鐵站內的自動售票機可以購買Viva Viagem，卡片的價位是0.5€，然後再自行儲值。單次儲值最低為3€，最多為40€，一張限一人使用，效期為一年。可以在時間內隨意搭乘市區的電車、公車、地鐵及聖胡斯塔升降機。
持有票卡的話，在進入地鐵站的時候，直接感應票卡就能進站。如果沒有事先購買車票的人，搭乘電車及公車也可以在車上向司機購票。

下飛機後跟著指標走

領取行李的標示牌

領取行李的輸送帶

不需要申報的旅客，走綠色通道

前往地鐵站的指標

機場外搭乘計程車及公車處

認識里斯本

自新石器時代起，就已經有人們居住在里斯本。這個古老的城市，先後被腓尼基人、羅馬人及北非的摩爾人統治過，充滿多元的文化色彩。到了西元15～17世紀期間，濱海的葡萄牙由於地利之便，開始活躍於大航海時代，而晉身為世界上最強盛的海權國家之一。

當年，包括安哥拉、莫三比克等非洲國家，及亞洲的麻六甲、澳門和南美洲的巴西等地，都屬於葡萄牙的海外殖民地，堪稱那個年代最強盛的國家。許多航海探險家，就是以里斯本（Lisbon，葡萄牙語Lisboa）為據點，啟程前往開發新大陸的版圖。因此，想要瞭解葡萄牙過往的輝煌歷史，里斯本是最具有代表性的城市。

海港風情

濱臨大西洋的里斯本擁有溫暖的地中海型氣候，陽光普照的天氣直接反應在熱情的南歐人身上；一身黝黑的健康膚色，穿著脫鞋和短褲這樣灑脫隨性的打扮，整體頗有度假的氛圍。遊走在街頭巷尾，商店櫥窗所陳設的衣物色彩鮮明，都流露出一股活潑奔放的氣息。

里斯本位於接近大西洋的出海口

洋溢著熱情的地中海氛圍

四月25日大橋外觀跟金門大橋很像

四月25日大橋

　　橫越泰古斯河（Tagus）上方的四月25日大橋（Ponte 25 de Abril），聯繫著里斯本市區和南岸的阿瑪達（Almada）市。第一眼看到這座橋的時候，大家應該都會覺得眼熟，懸吊式的鋼索和紅色鋼架的橋身，這不是美國舊金山「金門大橋」的翻版嗎？沒錯，這兩座橋的外觀的確很相似。

　　這座橋樑興建於西元1966年，以當時統治者：薩拉札（Salazar）的名字來命名。直到西元1974年四月25日，葡萄牙軍人以手持康乃馨的和平活動發起政變，推翻軍政府的獨裁統治，而稱為康乃馨革命（Revolução dos Cravos），帶領著葡萄牙邁向民主化的歷史性時刻。為了紀念這一天，於是這座橋也改名為四月25日大橋。

橫越泰古斯河（Tagus）的四月25日大橋

　　長達2277公尺的四月25日大橋，上層為6線道的汽車通行道，下層則是供火車行駛的鐵道。距離這裡的2公里處，便是通往大西洋的出海口，因此經常可以看見渡輪穿梭於橋下。壯觀又獨特的景色，也成為里斯本的熱門景點。

1. 耶穌雕像和基底共高達110公尺
2. 仿照巴西里約熱內盧的基督像
3. 梯形基座裡面的教堂

大耶穌像

欣賞四月25日大橋的最佳地點，就在阿瑪達山頂的大耶穌像（Santuário Nacional de Cristo Rei）。這座高28公尺的耶穌雕像，和底下82公尺高的中空梯形基座，加起來總共高達110公尺，轟立於原本就高於海平面百公尺的峭壁上，雄偉壯觀的氣勢，從任何角度看起來都讓人敬畏萬分。

當初，建造這座大耶穌像是為了要感激耶穌，讓葡萄牙倖免於二次大戰的波及。政府便找來知名雕塑家：法蘭西斯可（Francisco Franco de Sousa），仿照巴西里約熱內盧的基督像設計，雙臂皆向外橫向伸展，彷彿是一座十字架的形狀，因此兩者的外型有幾分雷同。梯形基座裡面的教堂，描繪了它的建築過程；遊客還可以搭乘電梯往塔頂的大耶穌像底部，將里斯本舊城和跨河大橋的美景盡覽眼底。

大耶穌像
地址：Alto do Pragal, Av. Cristo Rei, 2800-058 Almada
交通：從里斯本的Cais do Sodré碼頭搭乘渡輪到Cacilhas（來回的船票2.8€，單趟約10分鐘），再從碼頭旁邊的公車站轉搭101號公車，在終點站下車（來回的公車票2€，上車時向司機購買）
網址：http://www.cristorei.pt/
時間：每天10:00～18:00
費用：搭乘電梯上塔8€
附註：搭乘渡輪最好避開尖峰時間，抵達山頂時先查看回程的公車時間，因為公車每30分鐘才有一班

貝倫區

　　沿著泰古斯河過了四月25日大橋，靠近出海口的北岸就是「貝倫區」（Belém）。數百年前，這裡是一艘艘風帆出海的地點，見證著葡萄牙歷史上最輝煌的黃金時期，也是象徵航海時代的豐功偉業。

靠近出海口的貝倫區

傑羅尼莫斯修道院

15世紀的葡萄牙探險家：瓦斯科‧達伽馬（Vasco da Gama）在率領船隊出海前，曾經來到貝倫區的修道院禱告，祈求航程順利。結果他們那趟旅程穿越非洲南端抵達印度，並載滿許多貢品及香料歸國。這趟遠航的成功，拓展了葡萄牙的海上貿易和經濟發展。於是國王曼努埃爾一世（Manuel I of Portugal）便建造修道院，來紀念這趟偉大的事蹟。

於西元1502年開始興建的傑羅尼莫斯修道院（Mosteiro dos Jerónimos），主要的建造經費來源就是徵收海外貿易的稅賦及商品。在如此龐大的財富支撐下，修道院當然也建得非常奢華；採用當地的金色石灰岩和大理石為建材，裡裡外外的牆上及廊柱，皆是華麗的浮雕裝飾。浮雕除了描繪聖經裡的人物之外，也呈現了繩索及海浪的航海特徵在內，這種獨樹一幟的雕刻藝術，被稱為「曼努埃爾式風格」（Manueline Style）。

修道院的外牆及屋頂的華麗雕刻

「曼努埃爾式風格」是葡萄牙航海時代的代表性建築，主要是融合晚期的哥德式及海洋的元素，還吸收印度寺廟的一些東方文化，而創造出來的風格。不僅是在於建築物的呈現上，甚至連繪畫及家具等都受到其影響。然而在18世紀時，里斯本發生大地震及海嘯，傑羅尼莫斯修道院倖免於這場災難，完整地保存了下來，它美輪美奐的建築也因此被列為世界文化遺產名單。

從發現者紀念碑頂樓的景觀台，鳥瞰修道院全景

從羅西歐廣場Praça Rossio開往貝倫區的15號電車

修道院內的教堂

杜子上特殊的繩索雕刻藝術

許多葡萄牙的知名人士長眠於此

修道院
地址：Praça do Império 1400-206 Lisboa, 1400-206 Lisboa
交通：搭乘15號電車在Belém站下車。或搭乘728、714、727、729、751號公車在 Mosteiro dos Jerónimos站下車
網址：http://www.mosteirojeronimos.gov.pt/
時間：10～5月9:00～17:30、6～9月9:00～18:30。每週一及復活節週日，1/1、5/1、6/13、12/25日關閉
費用：修道院10€，學生和65歲以上半價優惠，12歲以下兒童免費。參觀教堂免費
附註：通常排隊進場的人潮很多，建議早點去，預留大約2～3個小時的時間參觀

發現者紀念碑

　　自傑羅尼莫斯修道院穿過公園來到河岸邊，有一座發現者紀念碑（Padrão dos Descobrimentos），這裡正是葡萄牙人在航海時代出海的地點。這座混泥土的紀念碑興建於西元1960年，為了紀念葡萄牙航海家：漢里克王子（Infante D. Henrique）逝世500周年。

　　高達52公尺的紀念碑，遠遠能看出是帆船的形狀，站在最前方的那位便是漢里克王子，手中握著一艘小型帆船遠眺前方的大海。他身後的人物均是航海時代的著名人士，包括先前提到的瓦斯科·伽馬、第一位抵達巴西的歐洲人：佩德羅·阿爾瓦雷斯·卡布拉爾（Pedro Álvares Cabral），還有首位環繞地球一圈的麥哲倫（Fernão de Magalhães）等。

　　目前，紀念碑內的一樓設置多媒體展示廳，頂樓還有景觀很讚的眺望台。從景觀台往紀念碑前方的廣場看下去，能夠清楚的看到地面上用大理石鑲嵌一幅巨大的馬賽克畫作，那是一幅直徑達50公尺的航海羅盤；畫作正中央的世界地圖上，則標示葡萄牙人在航海時代首次到達之地的路線及年份，非常具有紀念性。

外觀為帆船形狀的紀念碑

鑲嵌於地面上的馬賽克畫作

航海時代的名人

█ 發現者紀念碑

地址：Av. Brasília, 1400-038 Lisboa
交通：搭乘15號電車在Belém站下車。或搭乘728、714、727、729、751號公車在Mosteiro dos Jerónimos站下車
網址：http://www.padraodosdescobrimentos.pt/pt
時間：3～9月10:00～19:00、10～2月10:00～18:00。1/1、5/1、12/24～25&12/31關閉
費用：成人10€、13～25歲5€、65歲以上8.5€

葡萄牙於航海時代的路線地圖

矗立於港口的貝倫塔

從貝倫塔遠眺四月25日橋

貝倫塔

地址：Av. Brasilia, 1400-038 Lisboa
交通：搭乘729號公車，在Largo da Princesa
站下車，再直走穿過花園就能抵達。或是從
發現者紀念碑沿著河岸直走約500公尺
網址：http://www.torrebelem.pt/
時間：9:30～18:00（每週一及復活節週日，
1/1、5/1、6/13、12/25日關閉）
費用：正常票8€，持有學生證和65歲以上
半價，12歲以下兒童免費

貝倫塔

在海權時代的葡萄牙，靠近出海口的貝倫區
是船隻進出的重要港口。為了防禦這處海港，國
王曼努埃爾一世下令建造這座貝倫塔（Torre de
Belém），一來可以保衛港口和城市的安全，二
可用來紀念葡萄牙船隊成功航行地球一圈。這
座塔樓由於其防禦性的功用，因此頂端有許多崗
亭、壁壘及砲台的設計，並深受北非的摩爾人及
阿拉伯人影響，充滿了異國風情。

不僅如此，當時建造塔樓的時候，正逢葡萄
牙海外貿易興盛之際，為了要彰顯富裕的國威，
於是建築師又添加「曼努埃爾式」的建築元素。
因此跟一般作戰用的塔樓相較下，貝倫塔的柱
子、外牆上多了花邊的楣樑及環狀的雕刻裝飾藝
術。後來，貝倫塔被改建成燈塔、地牢、海關等
不同的用途，唯一不變的是它始終矗立在港口，
陪伴著里斯本走過漫長的歷史歲月。

品嚐道地的葡式蛋塔Pastéis de Belém

　　來到蛋塔的發源地，當然不能錯過最原汁原味的葡式蛋塔。據說葡萄牙的蛋塔，最早是由傑羅尼莫斯修道院的修女所研發，她們利用多餘的雞蛋做成蛋塔來補貼修道院的收入。後來，修女把配方傳給鄰居的糕餅店老闆，得到獨家配方的老闆，決定把如此美味的甜點公開販售。西元1837年，葡萄牙的第一家蛋塔店就這樣誕生了。

　　Pasteis de Belém蛋塔店剛好位於貝倫區的港口附近，這裡正是航海時代船隻出航的地點，人來人往的水手和船員，在出航前順手買幾個蛋塔帶上船，於是便將這道傳統美食流傳到葡萄牙的海外殖民地，葡式蛋塔就因此而發揚到世界各地。延續到今日，包括亞洲的澳門等地，蛋塔成為相當普遍的一道甜點。

　　蛋塔的創始老店，位於修道院隔壁的大馬路旁，門口經常是大排長龍，目標非常明顯。雖然店面的外觀看起來很一般，但是往店內走進去，保守估計至少有上百名饕客正坐在裡面用餐，絡繹不絕的人潮完全不輸吃流水席的盛況。

1

2

3

4

5

1.店家除了蛋塔外，還有其他琳瑯
　滿目的甜點
2.在櫃台排隊外帶的人潮
3.雖然店內座位很多，也幾乎一位
　難求
4.廚房整盤的新鮮蛋塔
5.店內的走廊掛著製作蛋塔的照片

剛出爐的蛋塔最好吃

　　這家糕餅店製作蛋塔的過程，完全依循修女的古老食譜。從透明的玻璃窗向廚房望去，能看見每一顆蛋塔都是從烤箱新鮮出爐，熱騰騰的蛋塔隨即被端往櫃台，然後分送到每一桌的顧客手中。起酥麵糰的外皮，搭配鮮奶和蛋黃為主的內餡，再撒上些許肉桂粉，頓時間酥餅的香味瀰漫著整間餐廳，入口即化的口感更是擄獲每一位顧客的心，這就是最道地的葡式蛋塔風味。

Pasteis de Belém蛋塔店

地址：Rua de Belém 84-92, 1300-085 Lisboa
交通：搭乘15號電車在Belém站下車。或搭乘728、714、
727、729、751號公車在Mosteiro dos Jerónimos站下車
網址：http://pasteisdebelem.pt/
時間：每天8:00～20:00
費用：蛋塔1.3€
附註：店外排隊的人潮是外帶，如果要內用直接走進去找空
桌位，建議內用的口感比較好吃，人數多的團體建議事先上
網訂位。

舊城風韻

　　里斯本的舊城區域，最主要為高巴羅區（Bairro Alto）、巴依薩區（Baixa）
和阿法瑪區（Alfama）。漫步在里斯本的街上，跟其他歐洲城市與眾不同之
處，就是到處鋪滿了磁磚，從房屋的外牆、兩旁的人行道、門牌號碼、教堂的彩
繪圖案、餐廳內部的壁畫等，處處都能看見磁磚融入當地人的生活中。

里斯本的舊城是高低起伏的地形

里斯本市區的嘟嘟車，也融入彩繪磁磚的花樣

舊城房屋外牆的磁磚

磁磚的視覺饗宴

　　葡萄牙人稱磁磚為Azulejos，最初是由回教世界的摩爾人（Moors）傳到西班牙和葡萄牙。自西元16世紀，葡萄牙人也開始學習製造磁磚的技術，進而將磁磚的工藝發揚光大，創造出獨樹一幟的風格，尤其以藍白相間的磁磚被視為最有象徵性。正逢里斯本在西元1755年經歷了一場大地震，許多原本的舊屋倒塌，於是新建造的房屋大量採用磁磚來裝飾外牆，磁磚樓房便如雨後春筍般地浮現在市區的各角落。

　　沒想到看似簡單的磁磚，拼湊在一起後的瑰麗模樣，居然能創造出藝術感，可說是里斯本最普遍也是最有特色的裝飾品。雖然以磁磚來裝飾樓房的外牆非常美輪美奐，不過話說回來，像里斯本這樣在人行道上鋪上磁磚，走路時得特別小心。尤其里斯本市區為高低起伏的山丘地形，有不少斜坡的路面，當下雨天潮濕的時候，原本已經光滑的磁磚，彷彿是打上一層蠟，走在上面還真的是險象環生呢！

街道上鋪滿了磁磚

商業廣場

位於河邊的商業廣場（Praça do Comércio），是舊城區的中心點，古代的里斯本便是以這裡為核心向外發展。在西元14～18世紀期間，廣場的原址是里貝拉宮殿（Ribeira Palace）的所在地，因此許多當地人又稱之為宮殿廣場（Terreiro do Paço）。後來宮殿在大地震和海嘯中被損毀，才改建成今日的廣場模樣。廣場的中央，豎立著葡萄牙國王約瑟夫一世（Joseph I of Portugal）騎馬的青銅雕像，是里斯本第一座國王的雕像。

偌大的廣場周圍，被U型狀的黃色古典樓房所環繞，整排建築物延伸到河邊的盡頭處為白色塔樓，完美地呈現左右對稱，這棟樓房作為政府機關和海關部門的辦公室使用。U型樓房的中間，於19世紀時增建了白色的凱旋門（Arco da Rua Augusta），連繫廣場和舊城最熱鬧的奧古斯塔街（Rua Augusta）。30公尺高的凱旋門上方，矗立著一座身穿長袍的榮耀女神雕像，加冕坐在底下象徵美德和天才的兩位人物。

面臨泰古斯河的商業廣場

商業廣場中央的約瑟夫一世雕像　　　　　　　凱旋門上方的榮耀女神雕像

白色的凱旋門及後方的奧古斯塔街

奧古斯塔街上的露天咖啡座及餐廳

奧古斯塔街

　　貫穿巴依薩區的奧古斯塔街（Rua Augusta），是舊城裡最重要也是最熱鬧的商圈。這條鋪滿磁磚的人行徒步街，從羅西歐廣場（Praça Rossio）一直延伸到河邊的商業廣場，街道兩旁林立著各式各樣的商店、餐廳及露天咖啡座。不但可以逛街購物，想要坐下來喝杯咖啡或吃甜點，選擇性也很多，因此每一位來到里斯本的遊客，必定都會安排來這裡踩馬路。

從凱旋門上方鳥瞰奧古斯塔街

奧古斯塔街規劃成行人徒步區，而且整條街鑲嵌著磁磚

聖胡斯塔升降機

聖胡斯塔升降機的空橋

升降機的鋼架上美麗的花紋裝飾

　　走在奧古斯塔街靠近羅西歐廣場的那一端，會經過45公尺高的聖胡斯塔升降機（Elevador de Santa Justa）。因為里斯本高低起伏的地形，長期以來都困擾著當地居民，政府為了解決民眾在市區的交通方式，於是建造幾部升降機。這台升降機於西元1902年啟用，是唯一一台保存至今的垂直升降式古老電梯，當年還是利用蒸氣來讓電梯運行，非常具有特色！

地址：Rua de Santa Justa和Rua Augusta兩條街的交匯處
網址：http://www.carris.pt/pt/ascensores-e-elevador/
時間：電梯3～6月每天7:00～23:00、11～2月7:00～21:00、景觀台每天8:30～20:30。每週一及復活節週日，1/1、5/1、6/13、12/25日關閉
費用：往返電梯+景觀台5.3€、景觀台1.5€
附註：持有Lisboa Viva、7 Colinas、Viva Viagem等票卡免費搭乘電梯，旺季的時候排隊人潮很多，建議可以早點去

　　聖胡斯塔升降機為新歌德式的風格，由法國籍的工程師：拉烏·梅斯尼·杜彭薩（Raul Mesnier du Ponsard）所建造。他是巴黎鐵塔設計者：艾菲爾（Alexandre Gustave Eiffel）的學生，所以這部升降梯乍看之下，有幾分艾菲爾鐵塔的神韻，兩者都以中空的鋼架為主體，設置了包廂式電梯、景觀台及餐廳，也都成為該城市的地標性建築。搭乘復古的木製電梯包廂來到景觀台，不但是通往高處卡爾莫廣場（Largo do Carmo）的捷徑，還能將舊城周邊的景點盡覽眼底。

聖胡斯塔升降機頂部的餐廳

從景觀台上遠眺羅西歐廣場

玩家小抄

注意小偷
來到里斯本的遊客，一定會去奧古斯塔街一帶的區域，因此也吸引了許多小偷在此尋找偷竊的目標。Ricky本身也在這裡遇到了竊賊，當我停下腳步在拍照的時候，有小偷將我背包的拉鍊拉開。這邊的店家和搭乘升降梯的地方，都有告示牌提醒遊客要注意財物，大家要特別留意。

雅致的裝潢風格，吸引了許多學術界人士前來　巴西人咖啡館的戶外座位

巴西人咖啡館

　　歐洲各大城市都會有經典的咖啡館，不管是因為它擁有輝煌的歷史故事，還是以華麗的裝飾風格取勝，逛咖啡館當然是到歐洲必做的清單之一。在里斯本地勢較高的上城：高巴羅區，位於希亞多廣場（Largo do Chiado）旁的巴西人咖啡館（Café A Brasileira），便是里斯本這個城市的代表性店家。

　　西元1905年11月19日，亞德利安諾·特勒（Adriano Telles）開了這間巴西人咖啡館，專門販售巴西咖啡。咖啡館的外觀，採用當時最流行的新藝術（Art Nouveau）設計風格，方形鋼架搭配透明的門窗，大門上端懸掛著微笑人頭及巴西人咖啡館A Brasileira的招牌字樣；鋪著磁磚的地面，也拼湊出相同的字樣及門牌號122，和招牌相互輝映著。

巴西人咖啡館
地址：120 Rua Garrett , 1200 Lisboa
交通：搭乘地鐵到Baixa-Chiado站，出站後沿著Rua Garrett直走就能看到。搭乘電車在Chiado站下車，廣場旁邊就是咖啡館
時間：8:00～24:00
費用：火腿三明治1.7～4€、咖啡牛奶（galão）1.4～3.9€
附註：在這家咖啡廳內喝咖啡有3種不同的價位，站在吧檯（Balcão）最便宜、室內的座位（Mesas）其次、戶外的座位（Esplanada）最貴

巴西人咖啡館大門上的雕像

一走進咖啡廳裡面，古老的吊燈自天花板垂降而下，地板上黑白相間的磁磚和整體的裝飾，散發典雅的氛圍。店裡的空間其實不算寬敞，狹長形的店家一半是放著甜點的透明櫥櫃，另一側僅能容納一張桌子的空間。環顧店家四周，牆壁用鏡子來營造出空間放大的效果，每面鏡子都覆以褐色的木框，更顯得懷舊；鏡子上方延伸到屋頂的牆上，在金箔雕刻裝飾的樑柱之間掛滿圖畫，搭配復古造型的時鐘，整間咖啡廳的環境，彷彿有種古董博物館的錯覺。

正因為這間咖啡廳充滿文藝氣息，當地學術界的人士和藝術家都喜歡來這裡光顧，包括葡萄牙詩人：費南多·佩索亞（Fernando Pessoa）、作家亞基林諾·瑞貝羅（Aquilino Ribeiro）等人。相傳費南多·佩索亞喜歡來到這裡，啜飲著店家的招牌濃縮咖啡Bica，藉以尋找創作的靈感。如今，坐在咖啡館門口那尊銅像便是費南多·佩索亞。

店內古老的時鐘

三明治和咖啡牛奶（galão）

玩家小抄

葡萄牙咖啡Bica

巴西人咖啡館是葡萄牙第一家販售Bica這種咖啡，當時因為亞德利安諾·特勒要推廣他們家的巴西咖啡，於是便準備了這種小杯的濃縮咖啡，免費招待顧客試喝，後來就在里斯本流行起來。因此許多里斯本居民喝咖啡時，會直接點杯Bica，這就是葡式的濃縮咖啡，類似義大利的espresso，但是口感較淡也更順口些。

咖啡館門口的費南多·佩索亞銅像

最有特色的阿法瑪區

　　想要體驗最原始的里斯本風味，那你一定不能錯過阿法瑪區（Afama）。由於這一區屬於堅硬的岩石地質，在西元1755年里斯本大地震時，阿法瑪區幸運地沒遭受到嚴重的災情，許多舊房屋得以保存下來，成為里斯本最具特色的古老地區。

阿法瑪是里斯本現存最古老的地區

1

2

28號電車Elétrico 28

　　像里斯本這種到處是斜坡的丘陵地形，搭乘電車絕對能節省不少體力。由於電車行駛的速度不快，你只要買了車票，坐在車上就能愜意地欣賞窗外形形色色的風貌，不管是路人的穿著打扮、琳瑯滿目的店家、還是美侖美奐的噴泉廣場，整個市容的景觀都能在短時間內一網打盡。

　　里斯本的幾條電車線當中，開往阿法瑪區的28號電車，堪稱是最經典的路線，當地人稱為「Elétrico 28」。電車沿著石板街道緩緩地前進，經過莊嚴的大教堂和陽台上懸掛衣物的民宅，伴隨著叮叮噹噹的運行聲中，讓乘客們沉醉在悠閒的時光隧道裡，每個人似乎都會不自覺地放慢步調，享受這一刻的輕鬆自在。28號電車就像是一台觀光列車，駛入阿法瑪區的古老氛圍中，窺見當地居民的生活百態。

1.行駛往阿法瑪區的28號電車
2.坐滿乘客的28號電車
3.28號電車會經過阿法瑪區的大教堂（Sé de Lisboa）

3

貧窮與蕭條的氛圍

　　早在摩爾人統治里斯本的時代，阿法瑪區便是當時城市的核心，之後才逐漸擴展到西邊的巴依薩區，所以這裡算起來是舊城裡的舊城。然而伴隨著城市的發展，有錢的民眾早搬往環境比較好的區域居住，於是老舊殘破的阿法瑪區變成了窮人居住的地方。雖然這裡的房屋還不至於到斷垣殘壁的地步，但是卻瀰漫著一股悲涼蕭條的感慨。

　　高低起伏的鵝卵石巷弄，猶如迷宮般的蜿蜒在阿法瑪區；一棟棟櫛比鱗次的老屋，斑駁的外牆和掛在陽台上飛揚的衣服，流露出不拘小節的居家風情，感覺好像是眷村的那種懷舊氛圍。近年來，這一區陸續有進行整建的工程，許多餐廳及酒吧也紛紛進駐，街頭上方拉滿了五顏六色的彩帶，伴隨著傳統的法豆（Fado）音樂聲，為阿法瑪區注入了嶄新的活力。

路邊的小攤位

牆壁上的塗鴉

隨性地掛在自家陽台的衣物

聖露西亞眺望台（Miradouro de Santa Luzia）看阿法瑪區的景觀

阿法瑪區街頭掛滿了繽紛的彩帶

蜿蜒的巷弄和門口的桌椅，是阿法瑪區的特色　阿法瑪區的老店家

阿法瑪區的美麗景色

阿法瑪區的磁磚招牌

阿法瑪區
交通：自市區搭乘28號電車，過了大教堂（Sé de Lisboa）
這一站就是阿法瑪區
附註：Ricky建議造訪阿法瑪區的時間在下午到晚上，比
較能體驗這裡的風情

經濟實惠的特色小食

以歐洲菜來說，Ricky覺得葡萄牙的食物比較合我們的口味，海鮮的種類新鮮又多，而且物價在西歐國家算便宜，因此來到里斯本，一定要好好地品嚐當地美食。

豬排堡：Bifana

葡萄牙的傳統小吃Bifana，簡單來說就是豬排（肉）搭配麵包的三明治。不同區域的Bifana，烹煮內餡豬肉的方式也不同。葡萄牙北部的地區，會將豬排放進加有香料的濃湯裡熬煮，這樣的豬肉吃起來比較濕潤入味；南部地區的Bifana，用烤或煎的方式來料理豬肉，吃起來會比較乾澀，因此會加點芥末醬或蕃茄醬一起吃。

用烤的肉片做成**Bifana**，口感比較乾

燉的肉片會比較濕潤

Restaurante Nova Pombalina
地址：Rua do Comércio 2, 1100 Lisboa
（在百年魚罐頭商店旁邊的轉角）
交通：從商業廣場走往奧古斯塔街（Rua Augusta），過了拱門後的第一條交叉路就是Rua do Comércio，右轉直走約200公尺的左邊轉角
時間：7:30～19:30（週日不營業）
費用：一份3.8€
附註：這家餐廳Bifana是用烤的肉片製作，店內還供應新鮮的果汁

正在燉**Bifana**的肉片

烤沙丁魚的魚刺很多

烤沙丁魚Sardinhas

靠海的葡萄牙，自然有吃不完的海鮮料理，其中烤沙丁魚是許多餐廳都會提供的菜餚。不過根據Ricky自己吃過的經驗，因為沙丁魚的魚刺很多，會吃到讓人覺得很崩潰，如果不喜歡挑魚刺的人，建議點別種魚類，例如烤鮭魚也很好吃。

烤鮭魚比較沒有魚刺

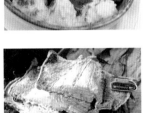

醃製鱈魚Bacalhau

　　走在葡萄牙的街頭，會看到許多店家門口掛著醃製的白色鱈魚，那就是Bacalhau（發音ba-ka-jau，類似巴卡要）。這些用鹽醃製過的鱈魚料理，在葡萄牙各地是非常普遍的一道菜餚，煎、煮、炒、炸等多種烹煮方式搭配各種香料，能變化出超過上千種的料理口味，連葡萄牙的殖民地都深受影響。在重要節慶的日子，葡萄牙人的餐桌上一定會出現的美食。

百年的魚罐頭老店Conserveira de Lisboa

　　這家創立於西元1930年的老店，販售的魚罐頭種類包括鱈魚、沙丁魚、鮪魚和鰻魚等多種魚類，搭配各種不同的醬料，選擇性非常多。根據Ricky自己買回家的經驗，橄欖油、蒜味及蕃茄醬口味都很好吃，而且每一份都由店員親手包裝，不管是自用或當伴手禮都很適合。

彩繪磁磚

　　磁磚是葡萄牙最有特色的商品之一，不但用於街道、門牌和房屋的外牆，將城市的美景繪於磁磚上面，就變成一幅賞心悅目的彩繪磁磚，成為一個非常有特色的紀念品。

4天3夜的重點路線規劃

Day 1

抵達里斯本 ▶ 前往旅館放行李 ▶（28號電車）里斯本大教堂 ▶（步行）聖露西亞眺望台 ▶（步行）太陽門廣場Portas do Sol ▶（步行）聖喬治城堡Castelo de S. Jorge ▶（步行）阿法瑪區巷弄

　　抵達里斯本之後，趕緊先把行李放在旅館並休息片刻，利用剩下的時間來造訪阿法瑪區，這一區最佳造訪時間是下午到晚上的時候，可以在這裡享用晚餐後再返回飯店。

Day 2

（搭乘15號電車）傑羅尼莫斯修道院 ▶（步行）發現者紀念碑 ▶（步行）貝倫塔 ▶（步行或電車）百年蛋塔老店 ▶（電車）Cais do Sodré碼頭 ▶（渡輪）Cacilhas ▶（公車）大耶穌雕像→四月25日大橋

　　這天的重點在於濱海的貝倫區，傑羅尼莫斯修道院的人潮通常很多，建議早餐後趕緊搭乘電車前往，可以避開人潮。下午搭乘渡輪到里斯本對岸山上的大耶穌雕像，欣賞四月25日大橋的風光。

Day 3

（羅西歐火車站搭火車）辛特拉 ▶（公車）雷加萊拉莊園（Quinta da Regaleira）▶（公車）佩納宮（Palácio Nacional da Pena）▶（公車）摩爾人城堡（Castelo dos Mouros）

　　安排里斯本近郊的辛特拉（Sintra）一日遊，從羅西歐火車站Estação de Caminhos de Ferro do Rossio搭車前往約40分鐘。由於辛特拉的景點有點分散，而且需要走路，如果體力比較不好的人，可以安排造訪雷加萊拉莊園和佩納宮就好了。Viva Viagem交通卡已經包括這段的交通費在內。

Day 4

（搭電車）商業廣場 ▶（步行）凱旋門 ▶（步行）奧古斯塔街
▶（步行）羅西歐廣場 ▶（步行）聖胡斯塔升降機 ▶（步行）巴西人咖
啡館

　　這天的行程主要在於舊城的高巴羅區（Bairro Alto）及巴依薩區
（Baixa），大多數的景點可以步行抵達，沿著奧古斯塔街附近的
商圈逛街購物。

宛如童話故事城堡的佩納宮

行程規劃範例&住宿資訊

對於沒有自助旅行經驗的人，該如何規劃路線、在每個城市要安排住幾天，往往是最令人頭痛的問題。這個單元提供單國及多國的行程範例，讓大家有個參考的依據。當然每個人的旅遊方式不盡相同，因此可以依照自己的喜好來增減天數，並附上各城市的住宿資訊，從高級旅館到平價的都有。

奧地利-薩爾斯堡（Salzburg）

各國行程規劃範例

單國的行程規劃範例

　　以下單國的行程範例，主要是提供路線的規劃給各位參考。通常單國深度旅行，扣除前後2天搭飛機的時間，計畫約兩個星期左右的天數來造訪一個國家剛剛好，當然大家可以依照自己的喜好來做天數的增減。以我自己的經驗，在飛機抵達的目的地，我都會多安排一天的停留，當做調整時差及休息的緩衝期，這樣比較不會那麼累。

法國16天的城市規劃　（鐵路班次查詢http://www.sncf.com/）

　　巴黎Paris，5晚→（搭乘TGV，車程2小時3分鐘）→里昂Lyon，2晚→（搭乘TGV，車程1小時2分鐘）→亞維農Avignon，3晚→（搭乘TGV，車程32分鐘）→馬賽Marseille，2晚→（搭乘TGV，車程2小時32分鐘）→尼斯Nice，3晚→（搭乘TGV或是買廉價航空機票）→巴黎→搭機回國

行程安排考量

　　由於法國的地幅廣大，若要仔細玩遍整個法國，需要花好幾個月的時間才有辦法完成，因此來法國自助旅行的人，通常只會選擇重點或是挑某個區域來玩。這個行程包括法國的前3大城市巴黎、里昂及馬賽，同時以亞維農和尼斯為中心，造訪了普羅旺斯及蔚藍海岸這兩處熱門景點，全部的行程都以高速火車TGV來銜接。

巴黎的地鐵標誌

法國的路邊咖啡座

奧塞美術館外觀

荷蘭10天的城市規劃

（鐵路班次查詢：http://www.ns.nl/）

阿姆斯特丹Amsterdam，4晚→（搭乘IC，車程1小時10分鐘）→鹿特丹Rotterdam，3晚→（搭乘IC，車程38分鐘）→烏特勒支Utrecht，2晚→（搭乘IC，車程27分鐘）→阿姆斯特丹→搭機返國

因為荷蘭的面積不大，往來各城市之間不會花費太多的交通時間，整體的行程安排比較悠閒。以阿姆斯特丹及鹿特丹這兩個大城為主要的住宿點，來造訪附近的地區即可，阿姆斯特丹可以當天來回的近郊景點包括Alkmaar的起士市場（4～9月的週五早上）、庫肯霍夫公園（Keukenhof）的鬱金香（3月下旬～5月中）、及Koog Zaandijk的風車村；從鹿特丹可以當天來回海牙（Den Haag）和小孩堤防（Kinderdijk）。如果你的天數夠多，也可以將荷蘭、比利時和盧森堡這三國做跨國的行程串連。

起士為荷蘭的特產之一

荷蘭的環境非常適合騎腳踏車

風車是荷蘭的特殊景觀

悠閒氛圍的瑞士景色

策馬特的街景

瑞士14天的行程規劃 （鐵路班次查詢：http://www.sbb.ch/）

　　蘇黎世Zürich，2晚→（搭乘IR，車程約50分鐘）→琉森Luzern，2晚→（搭乘IR，車程2小時，此為黃金列車路線）→茵特拉肯Interlaken，3晚→（可選擇黃金列車路線，車程約3小時）→蒙特勒Montreux，2晚→（車程約2小時32分鐘，需在Visp換車）→策馬特Zermatt，2晚→（車程約5小時14分鐘，需在Brig和Göschenen換車，此為冰河列車路線）→貝林佐那Bellinzona，2晚→（搭乘EC或ICN，車程約2小時15分鐘）→蘇黎世→搭機返國

行程要訣

由於阿爾卑斯山盤踞在瑞士的關係，某些火車行駛的速度並不快，因此在安排行程的時候，要查詢國鐵的網站才能確切掌握搭車的路線和時間。瑞士國土並不大，三個語區的景觀各有特色，若是想一網打盡三個語區的話，至少需要安排約16天以上，如果你的天數沒那麼多，可以考慮玩兩個語區就好，以上述的幾個地方為據點，玩起來應該很方便。

奧地利14天的行程規劃

（鐵路班次查詢：http://www.oebb.at/）

維也納Vienna，3晚→（搭乘RJ，車程約2小時30分鐘）→格拉茲Graz，2晚→（搭乘OIC，車程約6小時）→茵斯布魯克Innsbruck，2晚→（搭乘OIC或RJ，車程約1小時50分鐘）→薩爾斯堡Salzburg，2晚→（搭乘OIC轉RE，車程約2小時12分鐘，在Attnang-Puchheim轉車）→哈斯達特Hallstatt，3晚→（搭乘RE轉OIC，車程約3小時29分鐘，在Attnang-Puchheim轉車）→維也納，1晚→搭機返國

琉森市區的房舍

奧地利的城市規模不大，因此在每個地方都能玩的頗為悠閒，其中茵斯布魯克、哈斯達特等地是深受國人喜歡的景點，散發著遺世脫俗的阿爾卑斯山風情。若是天數夠多的旅客，不妨考慮在行程中加入鄰國的景點，像從薩爾斯堡可以當天來回德國的慕尼黑（München），從維也納可以前往斯洛伐克的首都布拉提斯拉瓦（Bratislava），反正都是屬於申根國家的範圍，非常便利。

霍夫堡

捷克12天的行程規劃 （鐵路班次查詢：http://www.cd.cz/）

布拉格Prague，4晚→（火車，車程2小時40分鐘）→契斯凱・布達札維Česk é Budějovice，3晚→（火車，車程約4小時26分鐘）→布爾諾Brno，2晚→（火車，快車約1小時28分鐘）→歐羅摩茲Olomouc，2晚→（火車，車程約2小時42分鐘）→布拉格→搭機返國

捷克的景點比較分散，在行程的安排上先選擇幾個住宿的定點，再來決定細部的規劃。以布拉格為中心，可以1天往返溫泉鄉卡羅維瓦利（Karlovy Vary），及庫納霍拉（Kutna Hora）參觀著名的人骨教堂，捷斯基・克倫洛夫（Cesky Krumlov）則是捷克南部另一處熱門的景點，從CB（契斯凱・布達札維）搭火車過去約50分鐘的車程。

匈牙利9天的行程規劃

（鐵路班次查詢：http://www.mav.hu/）

布達佩斯Budapest，4晚→（火車，車程2小時30分鐘）→巴拉頓湖區Lake Balaton，4晚→（火車，車程約2小時30分鐘）→布達佩斯→搭機返國

匈牙利的旅遊景點，主要分佈在首都布達佩斯周邊及巴拉頓湖一帶，長達78公里的巴拉頓湖區曾經是匈牙利貴族的度假勝地，湖邊的提哈尼（Tihany）、溫泉小鎮Balatonfüred洋溢著清幽自在的氛圍，當地人又把這裡稱為匈牙利海。

泡溫泉是布達佩斯的傳統

義大利16天的行程規劃

（鐵路班次查詢：http://www.trenitalia.com/）

羅馬Rome，4晚→（搭乘ES快車，車程約3小時，需要訂位）→米蘭Milan，2晚→（搭乘ES快車，車程2小時35分鐘，需要訂位）→威尼斯Venice，2晚→（搭乘ES快車，車程2小時5分鐘，需要訂位）→佛羅倫斯Firenze，4晚→（搭乘ES快車，快車約2小時51分鐘，需要訂位）→拿坡里Napoli，3晚→（搭乘ES快車，車程1小時10分鐘，需要訂位）→羅馬→搭機返國

義大利國土的形狀狹長，不過有高速鐵路連繫各大城市之間，因此在交通移動上非常方便，若是想省錢的旅客，不妨考慮搭乘慢車，以時間換取金錢。位置居中的羅馬，是進出義大利最方便的城市，羅馬市區內的古蹟眾多，需要安排停留的天數較多；佛羅倫斯附近不乏「托斯卡尼」的風味小鎮，可以當天來回的景點包括比薩（Pisa）、西恩納（Siena）、聖吉米納諾（San Gimignano）。

許願池是羅馬的熱門景點

梵蒂岡的瑞士傭兵

文藝復興之都：佛羅倫斯

波爾圖的舊房屋

葡萄牙8天的行程規劃　（鐵路班次查詢：https://www.cp.pt/）

里斯本Lisbon，4晚→（火車，車程1小時34～57分）→科因布拉Coimbra，1晚→（火車，車程約1小時）→波爾圖Porto，3晚→搭機返國

葡萄牙的國土狹長，主要的景點分布於里斯本和波爾圖這兩個城市周邊，尤其喜歡品酒的人，到了波爾圖可以考慮參加酒莊的行程。若是你喜歡去海邊渡假，不妨增加里斯本以南的行程，或是結合鄰國西班牙也是不錯的選擇。

波爾圖的萊羅書店(Livraria Lello & Irmão)，為哈利波特書裡的場景

跨國的行程規劃範例

　　單國的行程大多是繞一圈回到起點，多國的規劃則可以不斷地延伸，甚至從不同的機場進出，這樣才會節省交通上的時間。目前歐洲各大城市間都有高速鐵路連繫，因此搭火車跨國旅行很方便，不過記得跨國列車要事先訂位。若是你的天數不多、又想要完成多國的旅行，那就挑最重點的城市前去參觀就好，否則只是走馬看花而已。

法、瑞、義3國：14天的行程規劃

　　巴黎Paris，4晚→（搭乘TGV快車，車程約2小時23分鐘，需要訂位）→史特拉斯堡，3晚→（RE及IC列車，車程約2小時35分鐘，需在Basel換車）→蘇黎世Zürich，2晚→（搭乘EC快車，車程3小時26分鐘，需要訂位）→米蘭，2晚→（搭乘ES快車，車程2小時35分鐘，需要訂位）→威尼斯Venice，2晚→搭機返國

從凱旋門鳥瞰巴黎市景

在安排跨國旅遊的時候，務必要同時查看地圖，了解各城市之間的相關地理位置，這樣才有初步的概念去規劃行程。從巴黎一路往南玩到瑞士，再接著前往義大利的米蘭和威尼斯，這樣就完全不會走到重覆的路線，因此在買機票的時候可以考慮不同點進出，或是自己另外加買一段由威尼斯回巴黎的機票。

瑞士的麥田景觀

白雪覆蓋的冬景，別有一番風味

維也納的夜景

奧、匈、捷3國：14天的行程規劃

布拉格Prague，4晚→（火車，車程2小時40分鐘）→契斯凱‧布達札維Ceske Budejovice，2晚→（搭乘R列車，車程約2小時15分鐘）→林茲Linz，2晚→（搭乘RJ列車，車程約1小時16分鐘）→維也納，2晚→（搭乘RJ列車，車程約3小時1分鐘）→布達佩斯，3晚→搭機返國

捷克、奧地利、匈牙利這3國都是面積不大的國家，因此許多遊客會將這3國安排在一起觀光，尤其這3個首都布拉格、維也納及布達佩斯皆是非常熱門的旅遊景點，在一趟旅程中就能把這幾個城市一網打盡。

荷、比、法、瑞4國：
14天的行程規劃

阿姆斯特丹Amsterdam，4晚→（搭乘Thalys，車程1小時49分鐘，需要訂位）→布魯塞爾Brussels，3晚→（搭乘Thalys，車程1小時22分鐘，需要訂位）→巴黎，4晚→（搭乘TGV，車程4小時3分鐘，需要訂位）→蘇黎世Zürich，2晚→搭機返國

西歐這幾個國家的主要城市之間，都有高速鐵路往來，所以搭火車不需要花費太多的時間，荷蘭及比利時皆位於法國的北部，因此跟法國北邊的巴黎城市做串連頗為理想，然後再從巴黎搭車到瑞士的蘇黎世。

在瑞士的山區健行，經常可以和牛群不期而遇

奧、瑞、義3國：19天的行程規劃

維也納Vienna，3晚→（搭乘RJ快車，車程約2小時22分鐘）→薩爾斯堡Salzburg，2晚→（搭乘RJ快車，車程約1小時49分鐘）→茵斯布魯克Innsbruck，2晚→（搭乘RJ快車，車程約3小時26分鐘）→蘇黎世Zürich，2晚→（搭乘IC列車，車程約1小時56分鐘，需要在伯恩換車）→茵特拉肯Interlaken，3晚→（車程約2小時13分鐘，在Spiez及Visp轉車）→策馬特Zermatt，2晚→（車程約3小時56分鐘，在Brig轉車，需要訂位）→米蘭，2晚→（搭乘ES快車，車程2小時35分鐘，需要訂位）→威尼斯Venice，2晚→搭機返國

阿爾卑斯山區盤踞在奧地利、瑞士及義大利北部，所以火車在某些路段的速度無法行駛太快。在安排行程的時候，要先查詢每一國的國鐵網站，才能知道各城市之間的交通連結，因為地圖上的直線距離不代表火車的路線。

充滿柔情和浪漫氣氛的水都威尼斯

從瑞典前往芬蘭的維京號渡輪

北歐四國13天的行程規劃

哥本哈根Copenhagen，4晚→（搭乘火車，車程約5小時）→斯德哥爾摩Stockholm，3晚→（搭乘隔夜渡輪，在渡輪上睡一晚）→赫爾辛基Helsinki，2晚→（搭乘渡輪，船程約2小時）→塔林Tallinn，2晚→搭機返國

哥本哈根規劃4個晚上，可以安排其中一天前往安徒生的故鄉奧登賽（Odense），接下來搭乘火車去瑞典的斯德哥爾摩。從斯德哥爾摩搭乘過夜渡輪維京號（Viking Line），前往芬蘭的首都赫爾辛基，隔日一早起床便抵達了。北歐地區的渡輪都相當豪華，船上有許多餐廳及商店，不用擔心會覺得無聊。

芬蘭赫爾辛基的港口

實用住宿資訊

巴黎住宿

旅館名稱	電話	價位(歐元)	網址	Email
★★★★★ Renaissance Paris Vendome Hotel	+33 (0)1 40 20 20 00	617-1549	www.marriott.com/hotels/travel/parvd-renaissance-paris-vendome-hotel/	直接線上訂房
★★★★★ Champs Elysees Plaza Hotel	+33 (0)1 53 53 20 20	495-1690	www.hotelelysia.fr/zh/	reservation@elysiahotel.fr
★★★★★ Hyatt Paris Madeleine	+33 (0)1 55 27 12 34	477-1558	www.paris.madeleine.hyatt.com	paris.madeleine@hyatt.com
★★★★ Hotel Champs Elysees Friedland	+33 (0)1 45 63 64 65	289-336	www.hotel-paris-friedland.com	friedland@my-paris-hotel.com
★★★★ Franklin Roosevelt Hotel	+33 (0)1 53 57 49 52	531-1180	www.hroosevelt.com	hotel@hroosevelt.com
★★★★ Hotel Opera Marigny	+33 (0)1 42 66 42 71	371-737	www.hoteloperamarignyparis.com	marigny@bookinnfrance.com
★★★ Hotel Mademoiselle	+33 (0)1 42 46 33 00	240-460	www.hotel-mademoiselle-paris.com	reservation@hotel-mademoiselle-paris.com
★★★ Hotel Arcadie Montparnasse	+33 (0)1 43 20 91 11	199-240	www.hotel-paris-arcadie.com	contact@hotel-arcadie.fr
★★★ Hotel Opera Vivaldi	+33 (0)1 43 26 79 00	173-279	www.operavivaldihotel.com	hoteloperavivaldi@orange.fr
★★★ Hotel De Notre Dame	+33 (0) 1 43 26 79 00	247-330	www.hotelnotredameparis.com	info@hotelnotredameparis.com
★★★ Hotel Lebron	+33 (0)1 48 78 75 52	119-200	www.hotel-lebron.com	hotel.lebron@wanadoo.fr

阿姆斯特丹住宿

旅館名稱	電話	價位(歐元)	網址	Email
★★★★★ Hotel Okura	+31 (0)20 678 71 11	325-1170	www.okura.nl	sales@okura.nl
★★★★★ Hotel Pulitzer	+31 (0)20 523 52 35	439-1420	www.pulitzeramsterdam.com	info@pulitzeramsterdam.com
★★★★★ NH Barbizon Palace	+31 (0)20 556 45 64	251-686	www.barbizonpalace.com	nhbarbizonpalace@nh-hotels.com

★★★★ Hampshire Rembrandt	+31 (0)35 677 72 17	262-361	www.hampshire-hotels.com/hampshire-hotel-rembrandt-square-amsterdam	info@hampshire-hotels.com
★★★★ NH Schiller	+31 (0)20 554 07 00	255-385	www.nh-hotels.nl	nhschiller@nh-hotels.com
★★★★ Die Port Van Cleve Hotel	+31 (0)20 714 20 00	198-269	www.dieportvancleve.com	reservations@dieportvancleve.com
★★★★ Swissôtel	+31 (0)20 522 30 00	224-447	www.swissotel.com/hotels/amsterdam/	amsterdam@swissotel.com
★★★ Floris France Hotel	+31 (0)20 535 37 77	347-539	www.florishotels.com	直接線上訂房
★★★ Omega Hotel	+31 (0)61 445 41 99	169-374	www.hotelomega.nl/	info@hotel-omega.com
★★★ Hotel Citadel	+31 (0)20 627 38 82	229-287	www.hotelcitadel.nl	info@hotelcitadel.nl
★★★ Prinsen Hotel	+31 (0)20 616 23 23	255-552	www.prinsenhotel.nl	frontdesk@prinsenhotel.nl
★★★ Doria Hotel	+31 (0)20 638 88 26	240-350	www.hoteldoria.nl	info@hoteldoria.nl

蘇黎世住宿

旅館名稱	電話	價位(歐元)	網址	Email
★★★★★ Baur au Lac	+41 (0)44 220 50 20 740-3800	983-5821	www.baurarlac.ch	info@baurarlac.ch
★★★★★ Widder Hotel	+41 (0)44 224 25 26 649-1935	962-4137	www.widderhotel.ch	reservations@widderhotel.ch
★★★★★ Eden Au Lac	+41 (0)44 266 25 25 605-1480	686-1479	www.edenaulac.ch	info@edenaulac.ch
★★★★ St. Gotthard Hotel	+41 (0)44 227 77 00 300-1350	240-888	www.hotelstgotthard.ch	reservation@hotelstgotthard.ch
★★★★ Zum Storchen Hotel	+41 (0)44 227 27 27	719-1640	www.storchen.ch	info@storchen.ch
★★★★ Central Plaza Hotel	+41 (0)44 256 56 56	237-500	www.central.ch	info@central.ch
★★★★ Hotel Opera	+41 (0)44 258 99 99	225-380	www.operahotel.ch	welcome@operahotel.ch
★★★★ Hotel Schweizerhof	+41 (0)44 218 88 88	436-503	www.hotelschweizerhof.com	info@hotelschweizerhof.com
★★★ Hotel Adler	+41 (0)44 266 96 96	181-312	www.hotel-adler.ch	info@hotel-adler.ch
★★★ Bristol Hotel	+41 (0)44 258 44 44	190-232	www.hotelbristol.ch	info@hotelbristol.ch

★★★ Hotel Rössli	+41 (0)44 256 70 50	233-341	www.hotelroessli.ch	reception@hotelroessli.ch

維也納住宿

旅館名稱	電話	價位(歐元)	網址	Email
★★★★★ Sofitel Vienna Stephansdom	+43 1 906 16 0	237-475	all.accor.com/hotel/6599/index.de.shtml	h6599@so-hotels.com
★★★★★ Palais Hansen Kempinski Vienna	+43 1 236 10 00	336-1878	www.kempinski.com/en/palais-hansen	直接線上訂房
★★★★★ Hotel Imperial	+43 1 501 10 0	616-1658	www.imperialvienna.com	Hotel.imperial@luxurycollection.com
★★★★ Opera Suites	+43 1 512 93 10	196-241	www.operasuites.at	info@operasuites.at
★★★★ Hotel Stefanie	+43 1 211 50 0	238-258	www.schick-hotels.com/hotel-stefanie-vienna	stefanie@schick-hotels.com
★★★★ Continental Vienna	+43 1 523 24 18	160-447	www.hotel-continental.at	hotel.continental@chello.at
★★★★ K&K Hotel Maria Theresia	+43 1 521 23	217-345	www.kkhotels.com/products/kk-hotel-maria-theresia-vienna/	mariatheresia@kkhotels.com
★★★★ Austria Trend Hotel Europa Wien	+43 1 515 94	238-450	www.austria-trend.at/de/hotels/europa-wien	europa.wien@austria-trend.at
★★★ Hotel Admiral	+43 1 521 41 0	75-170	admiral.co.at/en/contact/	hotel@admiral.co.at
★★★ Hotel Donauwalzer	+43 1 405 76 45	103-149	www.donauwalzer.at	info@donauwalzer.at

布拉格住宿

旅館名稱	電話	價位(歐元)	網址	Email
★★★★★ Old Town Square Hotel	+420 221 421 111	234-500	www.otsh.com	reception@otsh.com
★★★★★ Sheraton Prague Charles Square	+420 225 999 999	145-525	www.sheratonprague.com	csh.prague@sheraton.com
★★★★★ Grand Hotel Bohemia	+420 234 608 111	176-400	www.grandhotelbohemia.cz	office@grandhotelbohemia.cz
★★★★ K+K Hotel Fenix	+420 225 012 000	121-171	www.kkhotels.com/en/hotels/prague/k-k-hotel-fenix	reservation.fenix@kkhotels.cz

★★★★ Hotel Roma	+420 222 500 120	128-193	www.hotelromaprague.com	info@hotelromaprague.com
★★★★ Hotel Amarilis	+420 222 748 111	110-150	www.hotelamarilisprague.com	amarilis@jerome.cz
★★★★ Hotel Prague Inn	+420 226 014 444	107-306	www.hotelpragueinn.cz	hotel@hotelpragueinn.cz
★★★★ Design Metropol Hotel Prague	+420 246 022 100	100-140	www.metropolhotel.cz	info@metropolhotel.cz
★★★ Hotel Legie	+420 775 712 882	60-110	www.hotellegie.cz/es/	reservation@petrs.cz
★★★ Hotel Victor Prague	+420 739 054 329	79-99	pivovarvictor.cz/en/	直接線上訂房
★★★ Central Hotel Prague	+420 222 317 220	101-183	www.central-hotel-prague.com	info@central-prague.com
★★★ Hotel Ankora	+ 420 224 242 863	75-138	www.hotelankora.cz	hotel@hotelankora.cz

布達佩斯住宿

旅館名稱	電話	價位(歐元)	網址	Email
★★★★★ The Ritz-Carlton, Budapest	+36 (1) 429 5500	296-649	www.ritzcarlton.com/en/hotels/budrz-the-ritz-carlton-budapest/rooms/	直接線上訂房
★★★★★ Budapest Marriott Hotel	+36 (1) 486 5000	183-346	www.marriott.com/en-us/hotels/budhu-budapest-marriott-hotel/	直接線上訂房
★★★★★ Kempinski Hotel Corvinus Budapest	+36 (1) 429 3777	172-892	www.kempinski.com/	直接線上訂房
★★★★ Hotel Victoria	+36 (1) 457-8080	153-290	www.victoria.hu	victoria@victoria.hu
★★★★ NH Budapest City	+36 (1) 814 0000	101-167	www.nh-hotels.com/en/hotel/nh-budapest-city	nhbudapestcity@nh-hotels.com
★★★★ Mercure Budapest City Center Hotel	+36 (1) 485 3100	92-183	all.accor.com/hotel/6565/index.en.shtml	H6565@accor.com
★★★★ K+K hotel Opera Budapest	+36 (1) 269 0222	116-255	www.kkhotels.com/en/hotels/budapest/k-k-hotel-opera/welcome	hotel.opera@kkhotels.hu
★★★ Beatrix Panzio hotel	+36 (1) 275 0550	70-120	www.beatrixhotel.hu	beatrixhotel@t-online.hu
★★★ Charles Hotel	+36 (1) 212 9169	65-108	www.charleshotel.hu	reservation@charleshotel.hu

★★★ Danubius Hotel Arena	+36 (1) 889 5200	64-175	www.danubiushotels.com/our-hotels-budapest/danubius-hotel-arena	arena.reservation@danubiushotels.com
★★★ City Hotel Matyas	+36 (20) 327 4627	59-123	www.cityhotel-matyas.hu/	reservations@cityhotel.hu

哥本哈根住宿

旅館名稱	電話	價位(歐元)	網址	Email
★★★★★ Radisson Collection Hotel, Royal Copenhagen	+45 33 42 60 00	271-1506	www.radissonhotels.com	reception.copenhagen@radissoncollection.com
★★★★★ Nimb Hotel	+45 88 70 00 00	858-1997	www.nimb.dk	concierge@nimb.dk
★★★★★ Hotel Skt Petri	+45 33 45 91 00	288-1539	www.sktpetri.com	stay@sktpetri.com
★★★★★ Hotel Sanders	+45 46 40 00 40	442-991	hotelsanders.com	reservations@hotelsanders.com
★★★★ Hotel Twentyseven	+45 70 27 56 27	185-259	www.hoteltwentyseven.net	hello@hoteltwentyseven.dk
★★★★ Copenhagen Strand	+45 33 48 99 00	190-443	www.copenhagenstrand.com	copenhagenstrand@arp-hansen.dk
★★★ Hotel SP34 - By Brøchner Hotels	+45 33 13 30 00	338-436	www.brochner-hotels.com/hotel-sp34	INFO@HOTELSP34.DK
★★★ CPH Studio Hotel	+45 3171 6664	154-180	cphstudiohotel.dk	hello@cphstudiohotel.dk
★★★ Mercur Hotel	+45 2845 5234	180-233	www.ligula.se/da/profilhotels/mercur-hotel/	mercurhotel@profilhotels.dk
★★★ Richmond Hotel	+45 0045 6038 8206	151-189	www.ligula.se/da/profilhotels/richmond-hotel/	richmondhotel@profilhotels.dk

斯德哥爾摩住宿

旅館名稱	電話	價位(歐元)	網址	Email
★★★★★ Hotel At Six	+46 8 578 828 00	203-356	hotelatsix.com	info@hotelatsix.com
★★★★★ Radisson Collection Strand Hotel, Stockholm	+46 8 506 640 00	195-352	www.radissonhotels.com	info.stockholm@radissoncollection.com

旅館名稱	電話	價位(歐元)	網址	Email
★★★★★ Sheraton Stockholm Hotel	+46 8 412 34 00	156-293	www.marriott.com	直接線上訂房
★★★★★ Hotel Diplomat	+46 8 459 68 00	238-865	www.diplomathotel.com	reservations.sto@diplomathotel.com
★★★★★ Grand Hôtel	+46 8 679 35 00	354-958	www.grandhotel.se	info@grandhotel.se
★★★★ Radisson Blu Royal Viking Hotel	+46 8 506 540 00	163-356	www.radissonhotels.com	info.royal.stockholm@radissonblu.com
★★★★ Hotel Riddargatan	+46 8 555 730 00	157-241	www.ligula.se/profilhotels/hotel-riddargatan/	hotelriddargatan@profilhotels.se
★★★★ Clarion Hotel Sign	+46 8 676 98 00	179-316	www.nordicchoicehotels.se	cl.sign@choice.se
★★★★ Downtown Camper by Scandic	+46 8 517 263 00	168-338	www.scandichotels.com/downtowncamper	downtowncamper@scandichotels.com
★★★★ Nordic Light Hotel	+46 8 505 632 00	153-262	nordiclighthotel.se	RECEPTION@NORDICLIGHTHOTEL.COM

塔林住宿

旅館名稱	電話	價位(歐元)	網址	Email
★★★★★ Radisson Collection Hotel	+372 682 3000	114-381	www.radissonhotels.com	reservations.tallinn@radissonblu.com
★★★★★ Schlössle Hotel	+372 699 7700	175-350	www.schloesslehotel.com	sch@schlossle-hotels.com
★★★★★ Hotel Telegraaf	+372 600 0600	134-335	www.marriott.com	線上訂房
★★★★★ Hotel Regent Tallinn	+372 887 9701	130-650	www.regenthotel.ee	info@regenthotel.ee
★★★★ Hestia Hotel Barons	+372 616 5700	90-158	www.hestiahotels.com/barons	info.barons@hestiahotels.com
★★★★ Hestia Hotel Kentmanni	+372 664 4111	95-211	www.hestiahotels.com/kentmanni	info.kentmanni@hestiahotels.com
★★★★ von Stackelberg Hotel Tallinn	+372 660 0700	93-328	www.vonstackelberghotel.com	reserv@uhotelsgroup.com
★★★★ Kreutzwald Hotel Tallinn	+372 666 4800	76-252	www.kreutzwaldhotel.com	reserv@uhotelsgroup.com

| ★★★
My City Hotel | +372 622 0900 | 84-120 | www.mycityhotel.ee | info@mycityhotel.ee |

威尼斯住宿

旅館名稱	電話	價位(歐元)	網址	Email
★★★★★ Hotel Danieli	+39 041 522 64 80	730-1855	www.danielihotelvenice.com	danieli@luxurycollection.com
★★★★★ Hotel Excelsior	+39 041 526 02 01	488-2500	www.hotelexcelsiorvenezia.com	info@hotelexcelsiorvenezia.com
★★★★★ Sina Centurion Palace	+39 041 342 81	544-5130	www.centurionpalacevenezia.com	sinacenturionpalace@sinahotels.com
★★★★ Hotel Amadeus	+39 041 220 60 00	265-346	www.hotelamadeusvenice.it	amadeus@gardenahotels.it
★★★★ Hotel Concordia	+39 041 520 68 66	396-651	www.hotelconcordia.com	info@hotelconcordia.com
★★★★ Hotel Colombina	+39 041 277 05 25	292-548	www.hotelcolombina.com	info@hotelcolombina.com
★★★★ Hotel Santa Marina	+39 041 097 01 32	283-409	www.hotelsantamarina.it	info@hotelsantamarina.it
★★★★ Hotel Foscari Palace	+39 041 529 76 11	270-627	www.hotelfoscaripalace.it	info@hotelfoscaripalace.com
★★★ Hotel Antico Doge	+39 041 779 99 90	335-488	www.anticodoge.com	info@anticodogevenice.com
★★★ Ca Formosa	+39 041 521 28 52	216-240	www.caformosa.it	info@caformosa.it
★★★ Hotel Al Piave	+39 041 528 51 74	380-703	www.hotelalpiave.com	info@hotelalpiave.com
★★★ Hotel Campiello	+39 041 520 57 64	147-285	www.hcampiello.it	campiello@hcampiello.it

里斯本住宿

旅館名稱	電話	價位(歐元)	網址	Email
★★★★★ Four Seasons Hotel Ritz Lisbon	+351 21 381 1400	1040-4910	http://ritzlisbon.com	reservations.lis@fourseasons.com
★★★★★ Santiago de Alfama	+351 21 394 1616	285-480	http://www.santiagodealfama.com	reservations@santiagodealfama.com
★★★★★ Hotel Sheraton	+351 21 312 0000	192-459	http://www.sheratonlisboa.com	sheraton.lisboa@sheraton.com

★★★★ Hotel Britania	+351 21 315 5016	173-265	https://lisbonheritagehotels.com/	britania.hotel@heritage.pt
★★★★ Hotel Portugal	+351 21 884 2120	243-288	http://www.hotelportugal.com	ESERVATIONSHP@PHCHOTELS.PT
★★★★ Jupiter Lisboa Hotel	+351 21 073 0100	176-260	http://www.jupiterlisboahotel.com	reservas.lisboa@jupiterhoteis.com
★★★★ Hotel Santa Justa Lisboa	+351 21 049 9000	292-705	http://www.hotelsantajustalisboa.com	info@hotelsantajustalisboa.com
★★★★ Hotel Vincci Baixa	+351 21 880 3190	189-426	http://www.vinccibaixa.com	baixa@vinccihoteles.com
★★★ My Story Hotel Rossio	+351 21 340 0340	127-347	https://www.mystoryhotels.com/	reservations@mystoryhotels.com
★★★ Hotel Convento do Salvador	+351 21 887 2565	125-165	https://www.conventosalvador.pt/	book@conventosalvador.pt
★★★ Holiday Inn Express	+351 21 829 0402	113-120	holidayinnexpress.com	hielisboncity@newpalm.pt
★★★ Empire Lisbon Hotel	+351 21 810 0400	115-120	http://www.empirelisbonhotel.com	elh@theempirehotels.com
★★★ Hotel Principe Lisboa	+351 21 359 2050	99-150	http://www.hotelprincipelisboa.com	hpl@hotelprincipelisboa.com

2AF682X

人生夢想清單！
一生至少要去一次的**歐洲最美城市** 暢銷最新版

作　　　者　蘇瑞銘
責任編輯　李素卿
主　　　編　溫淑閔
版面構成　江麗姿
封面設計　走路花工作室

行銷專員　辛政遠、楊惠潔
總編輯　姚蜀芸
副社長　黃錫鉉

總經理　吳濱伶
發行人　何飛鵬
出　　　版　創意市集

發　　　行　城邦文化事業股份有限公司
歡迎光臨城邦讀書花園
網址：www.cite.com.tw

香港發行所　城邦（香港）出版集團有限公司
九龍九龍城土瓜灣道86號順聯工業大廈6樓A室
電話：(852) 25086231
傳真：(852) 25789337
E-mail：hkcite@biznetvigator.com

馬新發行所　城邦（馬新）出版集團
Cite (M) Sdn Bhd
41, Jalan Radin Anum, Bandar Baru Sri Petaling,
57000 Kuala Lumpur, Malaysia.
電話：(603) 90578822
傳真：(603) 90576622
E-mail：cite@cite.com.my

印　　　刷　凱林彩印股份有限公司
2024年3月
Printed in Taiwan
定　　　價　480元

客戶服務中心
地址：115 臺北市南港區昆陽街16號5樓
服務電話：（02）2500-7718、（02）2500-7719
服務時間：周一至周五 9：30～18：00
24小時傳真專線：（02）2500-1990～3
E-mail：service@readingclub.com.tw

※詢問書籍問題前，請註明您所購買的書名及書號，以及在哪一頁有問題，以便我們能加快處理速度為您服務。
※我們的回答範圍，恕僅限書籍本身問題及內容撰寫不清楚的地方，關於軟體、硬體本身的問題及衍生的操作狀況，請向原廠商洽詢處理。

※廠商合作、作者投稿、讀者意見回饋，請至：
FB粉絲團・http://www.facebook.com/InnoFair
Email信箱：ifbook@hmg.com.tw

國家圖書館出版品預行編目資料

人生夢想清單！一生至少要去一次的歐洲最
美城市 暢銷最新版/蘇瑞銘. --二版. --臺北市：
創意市集出版：城邦文化發行, 2024.3
　　面；公分
ISBN 978-626-7336-61-8(平裝)
1.CST: 自助旅行 2.CST: 歐洲

740.9　　　　　　　　　　　　　　112021298